宁波话大课堂

贾臻 贾军 河边草 著

图书在版编目（CIP）数据

宁波话大课堂 / 贾臻，贾军，河边草著. —宁波：宁波出版社，2016.3（2018.2重印）
ISBN 978-7-5526-2422-9

Ⅰ.①宁… Ⅱ.①贾… ②贾… ③河… Ⅲ.①吴语—口语—宁波市 Ⅳ.① H173

中国版本图书馆 CIP 数据核字（2016）第 041420 号

宁波话大课堂

作　　者	贾臻　贾军　河边草
策　　划	章淑芳
出版发行	宁波出版社
地　　址	宁波市甬江大道1号宁波书城8号楼6楼
邮　　编	315040
网　　址	http://www.nbcbs.com
责任编辑	卓挺亚
责任校对	罗敏波
责任审读	方　妍
印　　刷	浙江新华数码印务有限公司
开　　本	880毫米×1230毫米　1/32
印　　张	4.5
字　　数	10.5千
版　　次	2016年3月第1版
印　　次	2018年2月第2次印刷
标准书号	ISBN 978-7-5526-2422-9
定　　价	22.00元

版权所有，翻印必究
本书若有倒装缺页影响阅读，请与我社联系调换，联系电话：0571-85155604

目 录

课前的话……………………………………………… 1

第一课　游宁波…………………………………… 1
第二课　访亲友…………………………………… 7
第三课　在商场…………………………………… 13
第四课　上超市…………………………………… 20
第五课　下馆子…………………………………… 29
专题讲座一　宁波话里的人物形象……………… 37

第六课　买房子…………………………………… 40
第七课　谈生意…………………………………… 46
第八课　看医生…………………………………… 54
第九课　找工作…………………………………… 63
第十课　住宾馆…………………………………… 72
专题讲座二　宁波话里的植物拟人……………… 77

第十一课	去上班………………………………	80
第十二课	来上课………………………………	87
第十三课	搞娱乐………………………………	92
第十四课	打官司………………………………	99
第十五课	逛公园………………………………	103
专题讲座三	宁波话里的动物拟人……………	108

第十六课	做运动………………………………	111
第十七课	办证照………………………………	115
第十八课	过生日………………………………	121
第十九课	赴婚宴………………………………	125
第二十课	送故人………………………………	130
专题讲座四	宁波话里的佛学思想……………	135

课 前 的 话

读者朋友们：

　　大家好。当你打开这本书的时候，宁波话大课堂已经向你敞开了大门。在你进门入室并且安坐之后，在正式开课以前，我先来介绍一下大课堂系列的编排和结构，以便于你更好地熟悉课程内容，也帮助你在轻松愉快的节奏中掌握常用的宁波话。

　　本书取名为大课堂，并不是说这个小册子就能包罗宁波话万象，实际上学习宁波话真正的课堂是在广阔的日常生活中。丰富多彩的现实生话，才是宁波话富有生命力的土壤。任何语言离开了在生活里的运用，都是僵化无用的。因此，本大课堂在内容的编排上，精心选择了二十个生活场景，试图从日常生活的各个方面展示出宁波话的韵味。这二十个场景就构成了二十课的组合。在每一课中，分为三个板块：第一是场景对话，以对白的形式身临其境地用宁波话交流，以唤起学说宁波话的现场感和兴趣；第二是词语，把一些常用于这一场景的相关或相联的词语，收集在一起呈现，以丰富学说者的词汇量；第三是上下句新解，宁波话里的所谓上下句，类似于普通话里的谚语，即用言简意赅的上下两句话，揭示出深刻的道理，既朗朗上口，又充满情趣，而且用宁波方言表达的上下句更有一番动人的意韵。这部分内容也是用来映衬相应场景的，以增强学习的趣味性。

大家都知道，学习一种方言，最难的是读音。从大的方言区来说，宁波话属于吴方言系列的浙东甬江片。吴方言中的好多古音入声，对非该区域成长的人来说，学起来比较困难。同样对教授这些词语读音的人来说，也费力不讨好，尤其是要写出这些字的正确读音，更是难上加难。为此，本大课堂采取了当前宁波话读物中通行的同音字近音字直接注音的办法。这个办法虽显粗陋，却比较直白、简明，避免因复杂的注音体系给一些文化程度有所局限的人士学说宁波话带来另一种障碍。好在本大课堂老师中就有宁波电视台精通宁波话的专业人士贾军和贾臻通讲全书，其语音声调，可谓精准无误，制成的二维码音频，附在每课内容旁，读者在扫描后播放跟读。本书附赠光盘，读者也可播放光盘音频跟读学习。

读者朋友们，当你初来宁波，深深地为"宁听苏州人吵架，不听宁波人说话"而苦恼的时候，请走进这个大课堂吧；当你虽是宁波人的后代，却因从小只说普通话不谙宁波话而在生活中深感诸多不便的时候，也可以来大课堂充充方言的能量；当你喜欢上了宁波话，闲来无事想领略宁波方言的魅力，回味词语句子的神韵的时候，大课堂的上下句新解能让你重温宁波先人的智慧和风趣。

最后还要说一句，宁波话是语言的宝藏，大课堂只是一条探寻的小径，由于编写者的水平有限，课堂内容有不足之处，敬请朋友们批评指正。

现在翻开书页，开课了。

河边草

二〇一五年三月

第一课　游宁波

你来过宁波吗？
侬宁波来过否？
侬宁不来咕哦？

没来过。
呒没来过。
呒末来咕。

宁波有什么好玩的地方？
宁波有啥好孅和的乌退？
宁不有舍好拿乌个乌退？

宁波有许多名胜古迹，风景很好。
宁波有交关多名胜古迹，风景交关好。
宁不于交关多个名新古节，风景交关好。

你说说看。
侬讲讲看。
侬刚刚坎。

宁波城区有天一阁,这是中国至今保存完好的最早的私人藏书楼。
宁波城区有天一阁,该是中国该常还铁式无疑的顶早的私人藏书楼。
宁不琴去于替耶阁,该是中国到该常活铁煞无疑嘎顶早嘎私宁亢书楼。

奉化溪口是蒋介石先生的故里,有雪窦山、丰镐房等景点。
奉化溪口是蒋介石先生的老屋,有雪窦山、丰镐房一些景点。
缝火起口是蒋嘎贼西生葛老屋,于缩窦山、丰告房一眼景低。

还有余姚河姆渡,有七千年前先人的遗址。
还有余姚河姆渡,有七千年前头老祖宗的迹址。
活于余姚和姆涂,于七起泥移头老祖宗嘎迹址。

宁波还有天童寺,在日本人中有很高的知名度。
宁波还有天童寺,在日本人当中有交关大的名气。
宁不活于替童寺,来勺本宁当中于交关驼嘎名气。

词 语

许多	交关
没有	呒没
游玩	嬲和（音拿乌）
现在	该常
别处	别采
逆风	斗风
逆水	斗水（水，音输）
地址	地脚印
地方	乌退，乌堂
偏僻	吊角（角，音阁）
这里	该底，堂底
附近	近横
那边	该面，该头
哪里	阿里
高处	高头
上面	上底，上头
里面	里厢，里头
中途	半弗老告，半弗浪当
下面	下底，下头
最后	押煞，押末（押，音阿）
顺方向	顺头
逆方向	倒头

反面	反背、反向
后面	后背
光亮处	亮头
背光处	暗头
对面	对头,对过
边上	边沿,旁边头(边,音比)
直立	骨敦(骨,音括)
笔直	骨直(直,音捷)
直竖	笔陡(陡,音笃)
来回	一转一回(转,音居)
依次	顺手骨接(顺手,音虫许)
顺便	顺带过便,一带两便
洞穴	洞眼
浅水坑	水明汤
死胡同	笃塞弄堂,笃塞弄
泥巴	奶泥
稀泥	奶泥糊浆

上下句新解

吃饭防噎,走路防跌。

吃饭时不要太急,要防止噎着了;走路时要注意脚下,慢慢走,防止跌倒。

吃过端午粽,还要冻三冻。

端午节后,天气还没有完全进入夏季,有时还会冷几天。(所以要注意不要受凉)

八月桂花香,黄鱼好比大姑娘。

东海的黄鱼到了八月桂花飘香时是最肥美的,好比大姑娘受人青睐。

出门看天色,进门看面色。

外出远行前要看看天气怎样,新到一个地方要看看在场的人们的神情如何。

平时要好看,出门呒新鲜。

平常日子里把自己打扮得活色生香,外出交际时就没有装扮一新的感觉了。

带鱼吃肚皮,闲话讲道理。

带鱼要吃最肥美的鱼肚肉,好吃,与别人说话也要讲道理,爱听。

道路弗走草成窠,山歌弗唱忘记多。

路不走就要野草蔓延,歌不唱就会忘词。喻意熟才能生巧。

河直呒风水,人直呒家私。
河水直流就无好风水,人太直爽难积累家财。

天下各省都走过,除了苏杭算宁波。
此言极夸宁波这个地方堪比苏州杭州之美,排在全国前三甲。

第二课 访亲友

明天请你到我家来做客。
明朝请侬到阿拉屋里来做人客。
米叫请侬到阿拉哦里来做宁客。

你们家住哪儿啊?
捺屋屯阿里啊?
捺哦里屯勒阿里啊?

你们家里的房子真大啊!
捺屋里咋介大啦!
捺哦里咋介佗啦!

你的女儿多大了?
侬的囡咋个大了?
侬噶囡咋个佗类?

我家离超市只有一点路,很方便。
阿拉屋里搭超市仅有一点点路,交关方便。
阿拉哦里搭巧时接于一眼眼路,交关方皮。

今天吃了中饭回去吧。
即末吃勒昼饭回去好了。
即末缺勒居饭回起好嘞。

路上开车要当心,别急。
马路上底开车子当心点,莫急。
么鲁上底开错子当心眼,冒接。

再见,认识了下次再来。
再会,认得了下回再来。
再为,宁得嘞下回再来。

家	屋里
客人	人客
先生	先生(先,音西。生,白读)
超市	超市(音巧时)
只有	仅有(音接于)
一点	一眼眼,一眼
下次	下回(下,白读)

别	莫（音冒）
再见	再会（会，音为）
认识	认得（认，音宁）
伯伯	浜浜
哥哥	阿哥（音阿果）
弟弟	阿弟（弟，音提）
我们	阿拉
你们	㑚
他们	其拉
爸爸	阿爸
妈妈	阿姆，姆妈
叔叔	阿叔（叔，音松）
舅舅	阿舅（舅，音举）
舅妈	舅姆
姐姐	阿姐（姐，音佳）
妹妹	阿妹（妹，音美）
公公	阿公
婆婆	阿婆（婆，音八欧切）
继父	晚爹（晚，音曼）
继母	晚娘
老婆	老绒
子女	儿囡（音嗯糯）
儿子	嗯子

女儿	囡
媳妇	新妇(妇,音无)
女婿	女婿(婿,音西)
小姑娘	小娘
小男孩	小顽
朋友	队伙
自己	自家(自,音夷;家,白读)
岳父	丈人(音强宁)
岳母	丈姆,丈姆娘(丈,音强)
老公	老头
夫妻俩	两老头
怀孕	有身(音于新)
孕妇	大肚皮(大,白读),有身老绒
寡妇	孤孀老绒
娘儿俩	两娘
父子俩	两爹
孙女	囡数
长辈	老班辈
小气	小吊码子
假哭	假叫猫(猫,音曼)
顽皮	皮顿顿,皮,洋皮皮
摆谱	摆沙头
小偷	贼骨头

扒手	冲手,三只手
强盗	抢犯
歹徒	红眼绿头发,孬胚子(孬,音娃)
肥胖	壮
出息	出山(多指孩童或晚辈)

##

女馋痨,做生姆。男馋痨,奔丈姆。
旧时因为穷,要解馋,要吃得好点,只有在女子坐月子时或男人去丈姆娘家里时。

讴人勿蚀本,舌头下底打个滚。
热情地招呼人是一件不花钱的事,只要舌头转一下就可以了。此句劝人热情待人。

劈柴劈小头,问路问老头。
柴火从小头劈容易劈开,而年纪大的人见多识广,向他们请教问题能求得解决方法。

七十勿留宿,八十勿留吃。
七八十岁的老人们身体不好,随时有风险,因此在家里待客时要注意分寸的把握。

亲眷朋友好做好,发风落雨自割稻。
亲戚朋友再好,遇上困难了,总免不了要为自己打算的,这也是人之常情。

请吃酒,哑拜生。

哑,强行促成之意。这句话的意思是说吃酒是要主人请的,做生日却是客人主动上门催办的。

人多好用力,人缺好吃食。

人缺,即人少。意为人多力量大,人少可以多分配。

人情急如债,镬爿挈出卖。

来是人情去是债,紧急时只得把家中的日用品也拿出去换钱还礼了。镬爿,即锅子。

人情留一线,日后好见面。

与人交往要留有余地,以后总会有再见面的时候。这是劝诫人们做事不要做绝。

第三课 在商场

我想到商场里买东西。
我想到商场里买点东西。
<u>额窝</u>想到尚强里起买眼东西。

哪家商场的货物便宜？
哪里一爿商场的货色价钿便宜点呢？
阿里一爿尚强噶吼煞雇钿皮尼眼捏？

专卖店里的东西质量有保证。
专卖店里的东西质量有保证。
居马地里噶东西接量于保进。

地摊货靠不住的。
地摊货难说的。
提摊吼嘎难讲唠。

服务员,这件衣服试一下好吗?
服务员,该件衣裳试一记好哦?
服务于,该其衣裳试耶几好哦?

这条裤子打几折?
该条裤子打几折啦?
该条裤子打几接啦?

今天我们店里全场九折。
即末阿拉店里全场九折。
即末阿拉地里全强居接。

我买一双鞋子。
我买一双鞋丬。
额窝马耶尚哈丬。

到哪里付款?
到阿里付钞票?
到阿里付吵票?

付现金还是银行卡?
付现钞还是银行卡?
付夷吵滑是宁杭卡?

麻烦你包装一下。
相烦侬包一记。
相烦侬包一记。

##

商场	商场（音尚强）
货物	货色（音吼煞）
价格	价钿（价，音雇）
质量	质量（质，音接）
保证	保证（证，音进）
专卖店	专卖店（音居马地）
一下	一记
鞋子	鞋爿
现金	现钞（现，音夷）
麻烦	相烦
时尚	时道
时兴	作兴
花样多	花泡
打扮	扎刮
崭新	彻骨勒新
不新	旧那那
不干净	体汰（汰，音他）
脏兮兮	腻腥，腻腥百勒
污渍	渍子（渍，音接）
毛料	毛货（货，音吼）
布料	料作
长毛绒	海虎绒

棉絮	花絮（絮，音细）
毛线	绒线
内衬	夹里
礼帽	大帽（大，白读）
草帽	蒲帽
斗笠	凉帽斗篷,凉帽篷
船式帽	橄榄帽
衣服	衣裳
上衣	布衫
内衣	替里布衫
内裤	替里裤
罩衣	罩衫
毛衣	绒线衫,毛线衫
风雪大衣	派克大衣
领子	领头
袖子	袖头子,袖头
套袖	袖套笼
衣袋	袋袋
胸位上衣袋	表袋
臀部位裤袋	后枪袋
斜口衣袋	叉手袋
外面缝的袋	贴袋
绒里厚内衣	卫生衫

绒里厚内裤	卫生裤
背心	背单，汗衫背单
开裆裤	拍脚裤
合裆裤	满裆裤
围嘴	下巴兜（下，白读）
兜肚	肚兜（肚，音涂）
围裙	圆身布襜（圆身，音于心），饭单
尿布	屎布，屎衲布
大棉尿布	大衲，厚衲
胶鞋	跑鞋，篮球鞋
凉鞋	风凉鞋
鞋垫	跥底（跥，音托）
手帕	绢爿（爿，音盼）
发夹	轧插（插，音差）
护肤霜	面油（音米于）
口红	嘴唇膏（嘴，音子）
眼镜	差眼
耳环	耳朵环（音尼朵攒）
手镯	手局（手，音虚）
皱纹	裥（音橄）
松紧带	宽紧带（带，音大）
子母扣	揿纽
衣裤下摆	贴皮

	毛衣外穿	灿穿(穿,音去)
	很红	血血红(血,音嚯)
	微红	红兮兮
	红而有光	红丢丢
	红而略暗	红彤彤(彤,音东)
	金黄	黄澄澄
	微黄	黄亨亨
	很黄	蜡蜡黄
	发青	青盎盎
	很青	光青
	微绿	绿郁郁(绿,音陆)
	翠绿	碧绿青翠(绿,音陆)
	微蓝	蓝接接
	微白	白米米,白乎乎(白,白读。下同)
	灰白	白塌塌,白涂涂
	很白	雪雪白(雪,音缩)
	白茫茫	白洋洋
	黑乎乎	黑铁卜落(黑,音赫)
	很黑	彻黑,墨墨黑

上下句新解

弗用看我妻,只要看我身上衣。
看一个男人身上的衣服整洁与否,就能知道他的妻子是否贤惠。

身边有铜钿,走路像神仙。
外出时身上要有钱,这样才能像神仙一样自由自在地行走四方。

苏州头,扬州脚,宁波女人好扎刮。
戏言宁波女子仿效苏州、扬州的女人装扮,也要打扮得漂漂亮亮。

贪眼小便宜,雇着老价钿。
为了贪便宜,买来了劣质的东西,反而多花冤枉钱。

头大享福,脚大劳碌。
民间对人的长相的一种戏言,认为头大的人福气好,而脚大的会是劳碌命。

衣裳贼破,胆子贼大。
人穷到连身上的衣服都破得不成样子了,就会胆大包天,铤而走险。

有力长头发,呒力长指克。
指克,即指甲。身体营养好的人头发长得快,反之指甲长得快。

众人眼是秤,好坏顶分明。
此句犹言群众的眼睛是雪亮的,事物好坏逃不过众人的眼睛。

第四课 上超市

场景对话

这家超市真大啊！
该爿超市咋介大啦！
该爿巧时咋嘎佗啦！

超市里东西很多。
超市里货色交关多。
巧时里吼煞交关多。

这里是卖蔬菜的。
该地是卖蔬菜的。
该底时马苏菜喃。

那里是卖肉的。
该边是卖肉的。
该比时马纽喃。

这袋奶粉的保质期是什么时候呢?
该袋奶粉的保质期是啥辰光?
该台拿粉噶保接期舍辰光嘀?

这些水果不太新鲜。
该眼水果勿大新鲜。
该眼思古弗大新西。

要买些小孩子的文具回去。
小人的文具要买点回去。
小人噶文具要马眼回起。

家里酱油米醋都没了。
屋里酱油米醋和总吭没了。
屋里酱于米楚和众吭没嘞。

称一下分量。
分量称一记。
纹量庆一记。

把东西放在手推车上。
货色放勒手推车里厢。
吼煞放勒许胎车里厢。

一共花了两百元钱。
拢总用了两百块钞票。
拢总用勒两叭块钞票。

词 语

蔬菜	菜蔬
奶粉	奶粉(奶,音拿)
保质期	保质期(质,音接)
水果	水果(音思古)
很新鲜	透骨新鲜(鲜,音西)
回去	回起
小孩子	小人(人,音宁)
酱油	酱油(油,音于)
米醋	米醋(醋,音楚)
都	和总
一共	拢总
籼米	早稻米
粳米	夜稻米
干饭	燥烤米饭,燥烤饭
稀饭	汤饭
剩饭	冷饭头
饭粒	饭米碎
米汤	饭镬饮汤
锅巴	镬焦
炒米粉	炒毛粉,炒毛麸
菜肴	下饭(下,白读)
下酒菜	过口

酒席	酒水（水，音丝）
结婚酒	好日酒（日，音聂）
女方送嫁酒宴	开面酒
筑房上梁酒宴	上梁酒
乔迁新居酒宴	进屋酒
祭祀用的筵席	羹饭
黄酒、红酒、白酒的统称	老酒
白酒	烧酒（烧，音肖）
劣质白酒	呛皮烧（烧，音肖）
酒的烈性	呛泼
开水，茶水	茶
零食	闲食（食，音叶）
咸海味通称	咸下饭（下，白读）
很能下饭的菜	压饭榔头
非荤菜不油腻	素净（净，音赢）
新鲜肉	热气肉
冷冻肉	冷气肉
瘦肉	精肉
肥肉	油肉
肉的厚度	肉膛
猪头	利市，利市头
猪头肉	利市肉
猪舌头	赚头

猪鼻	菌头
猪肘子	蹄髈
猪小腿	脚蹄
猪颈部肉	槽头肉
水产品	鱼腥
非常新鲜	活龙介
不新鲜	厌糟糟
半死	半死烂活（死，音西）
梭子蟹	白蟹（音叭哈）
母梭子蟹	团脐蟹
公梭子蟹	长脐蟹（长，音强）
蟹的腹下甲	蟹肚脐
湖蟹	毛蟹
腌制梭子蟹	呛蟹
小圆脐梭子蟹	小娘蟹
蟹的腿	蟹脚钳
比目鱼	箬贴鱼
凤尾鱼	鲚鱼
鲳鱼	叉鱼
鲐鱼	青占鱼
龙头鱼	虾潺（虾，音呵）
龙头鱼干	龙头烤
干小海鱼	烤头

幼带鱼干	带鱼丝烤
苔菜	苔条
腌制淡菜	卤菜
腌制墨鱼丸	乌贼混子
墨鱼干	明府鲞（鲞，音相）
河豚鱼干	乌老鱼鲞
虾蛄	撒屎扑
鲢鱼	塘鱼
干虾仁	开洋
鳙鱼	胖头鱼
黑鱼	乌鳢鱼
黄颡鱼	昂桑鱼
螺蛳	蛳螺,割蛳螺
黄鳝	鳝鱼（鱼,音于。多指煮熟后）
鱼鳍	鳍枪
食用的鱼鳍	豁水
禽畜类内脏	肚里货
禽类的胃	肫脏,肫（肫,音争）
翅膀	翼梢,翼梢膀
松花蛋	皮蛋
咸蛋	灰蛋
农副产品总称	地作货
葵花子	香瓜子

南瓜子	饭瓜子
罐头食品	听头货,听头
咸菜	咸齑
千张	百叶,千层
腐乳	酱豆腐,霉豆腐
腌过的麸	霉麸
粉丝	细粉
豆豉	豆士酱,豆瓣酱
酵母	发糕粉,糕头
甜酒酿	浆板
蒸熟的糯米饭	粢饭
麻花	油赞子
爆米花	冻米胖
辣酱	辣货,辣货酱
盐卤	卤池
勾芡	转浆(转,音居)
勾芡的淀粉	山粉

寒从脚起,病从口入。
提醒人们防寒先要脚暖,防病先要注意饮食卫生。

好马勿吃回头草,好蜂勿采落地花。
喻指不做自己或别人已经放弃的事。

好省勿省,念佛送鲞。
给吃素念佛的人送去鱼干,实在是一件出力不讨好的多余事。比喻做无用功。

屋里一条龙,走勒外头一根虫。
戏称有的人只会在自己家里自夸本事很大,到了社会上一无用处。

甜言夺志,甜食坏齿。
吃甜的东西容易损坏人的牙齿,听甜言蜜语容易迷糊人的分辨能力。

夏至杨梅满山红,小暑杨梅要出虫。
杨梅是宁波特产。夏至节气杨梅成熟,在小暑节气落市。要出虫即指吃杨梅季节快过了。

小人洋皮皮,大人勿欢喜。
洋皮皮,顽皮的意思。小人是指小孩。顽皮的小孩,大人是不喜爱的。

鸭吃砻糠鸡吃谷,各人自有各人福。
以鸭和鸡的食物天性作比喻,劝导人们坦然面对各人的遭遇,不必过于忧虑。

煮饭要有米,说话要在理。
说话要讲道理,如同煮饭要有米一样,是天经地义的事。

芋艿烂,好当饭。番茄烂,掔起掼。

掔起掼,即拿起来扔掉。芋艿烂了还可吃,番薯烂了就只能扔掉了事。

众目难遮,众口难封。

在大庭广众之下发生的事情,谁也没法遮掩过去的。

生勿带来,死勿带去。

宁波人超凡脱俗之言。犹如说:人的一生是赤条条来,又赤条条地去。

只求糠菜伴白头,不图金钱陪到老。

白头到老,虽苦犹甜。空守钱财,老来更苦。此句道出了夫妻真情相守一生的深刻含义。

鳓鱼刺多,黄鱼头大。

这句话形象地说出了鳓鱼与黄鱼的最显著的特征。

粒谷种九年,天下占半边。

九年,虚指许多年。一粒谷循环播种,天长日久后,其收成能占到天下的半数。意喻功到自然成。

第五课 下馆子

今天下班后一起去饭店吃饭。
即末落班阿拉聚队去饭店吃饭。
即末落班阿拉竖队起凡帝缺凡。

要一个包间。
包厢弄只。
包厢弄只。

服务员,来点菜。
服务员,点下饭呐。
服务于,帝下饭呐。

点一盆腌梭子蟹。
点一盆呛蟹。
帝耶盆枪哈。

这种鱼按重量还是论条卖?
该鱼秤分量还是条打条卖啦?
该鱼庆纹量活是条打条麻啦?

喝什么酒?
吃啥老酒涅?
缺舍老居涅?

服务员,加一套餐具。
服务员,添一份碗筷。
服务于,替耶份乌筷。

快吃,快吃,不要客气。
快吃,快吃,莫做人客。
夸缺,夸缺,冒做宁客。

吃点什么主食?
吃眼啥主食呢?
缺眼舍主叶涅?

今天的菜都很好吃。
即末下饭和总交关好吃。
即末咯下饭和总交关好缺。

油煎	拖,爆
油炸	炸(音闸)
沸水里稍煮	氽(音串)
半生半熟	半生里熟
不爽口	熟其其
咬不动	韧皮皮(韧,音宁。下同)
又坚又韧	韧吉吉
味道鲜美	透鲜(鲜,音西)
过分的鲜	鲜沱沱(鲜,音西)
很脆	崩脆
很硬	石硬,石骨硬,石骨铁硬(硬,白读)
很酸	光酸,光得斯酸(酸,音虚。下同)
有点酸	酸口,酸滋滋
有点甜	甜口,甜咪咪,甜嫩嫩
酸气;酸味	酸汪汪
臭味	臭哝哝,臭兮兮(臭,音去。下同)
很臭	贼臭
食物变质	馊气
发馊	厌掉(厌,音衣)
有点苦	苦得得,苦口
很苦	贼苦
有点咸	咸咪咪,咸滋滋,咸呵呵

很咸	贼咸
咸腥味	咸克克
咸而辣	咸辣辣
非常咸	生铁苦咸,生咸
很淡	雪淡(雪,音叔)
有点淡	淡呵呵
淡而无味	淡毛水气,淡沙沙(水,音书)
涩味	大舌头(大舌,音佗叶)
有点涩味	涩肯肯
有点麻味	麻口,麻呵呵
很麻且辣	麻辣辣
含油食物变味	油耗气,油耗耗
食物未熟之味	生腥气
食物烧焦之味	焦熬气
油料变质之味	泔革气
粮食久存之味	压仓气
茸毛状霉菌	斑毛
青黑色霉菌	青痧
不好吃	坏吃(坏,音哇)
烟火味	火拨气
涨大变质	发扑
久泡涨大	涨蒲(涨,音将)
碗底剩物	碗脚(脚,音将)

可口	及味
汤汁	卤
肉禽煮后汤汁	汁水(音接斯)
荤菜遇冷结冻	打冻
剩菜回锅合煮	绝落羹(绝,音浊)
泔水	泔脚
米的出饭率	涨息(涨,音将)
淘米水	米浆泔水
种子	种
秧苗	秧子
瘪谷粒	屑子(屑,音喧)
紫云英	草子
浮萍	浮瓢
花生米	果肉
爆米花	六谷胖(六,音洛)
高粱	芦稷
土豆	洋芋艿
蚕豆	倭豆
豌豆	罗汉豆
豆角	梅豆,刀豆
大白菜	胶菜
圆白菜	卷心菜,包心菜
菠菜	菠伦

荠菜	地菜
莴苣	香胡笋（笋,音松）
野葱	乌头葱,乌葱
香菇	香芹
丝瓜	天萝,天萝西（天,音替）
长豇豆	带豆
长条蒲瓜	夜开花
苋菜茎	苋菜管（音汉菜咕）
南瓜	饭瓜（饭,音凡）
蔬果过了时令	落市
最后采摘的瓜	了藤瓜
白瓤未熟西瓜	白脯,白脯西瓜
西瓜熟透红瓤	起沙
西瓜过熟散瓤	倒脸（脸,音里）
柿子同类小果	吊红
葡萄	紫胡桃,紫葡萄
石榴	金孟
鲜橄榄	青果
山核桃	小胡桃
青苔	青衣
蔬菜的花茎	蕻
植物的叶	叶瓣
树的斑块	障株

竹木纹路	丝流
树枝分杈	桠叉
毛竹节叶	箬壳（箬，音捏）
竹枝末梢	呼啸丝,竹啸丝
植物末梢	脑头
甘蔗末梢	梢头
植物的根	根头
松树针叶	松毛丝
花蕊	花软头（软，音女）
茎	梗子
果核	核（音滑）
花蕾	软头（软，音女）
映山红	柴白降花

勿怕冻煞，单怕吃煞。

单怕，只怕。吃得撑死比寒冷冻死还要可怕。

嬉赌勿论钿，吃饭要蘸盐。

不计钱财地狂赌，总要输得个以盐下饭过日子的结局。劝人不要嗜赌。

咸齑炒炒,冷饭咬咬。
以咸菜就冷饭过日子。此句极言生活的艰苦。

十五吃顿酒,初一饿起首。
戏言为了在指日可待的一餐酒席上饱吃一顿,早早地就节食。

饭吃三碗,闲账勿管。
只专注于自己的事或利益,不管与自己无关的人或事。

弗搭人家比过年,要搭人家比种田。
这是一句新时代的新谚语。激励人与人之间要比谁的本事大,不要比谁物质生活好。

勿像爹勿像娘,只像门口卖蟹浆。
蟹浆,即蟹糊。这话是对某个孩子戏称其外貌不知是像哪个人。

搁搁眠床搭搭灶,只要有吃莫气恼。
能有睡的地方和有吃的东西已经要知足了,不要生气,哪怕床和灶都只是拼拼凑凑的。

黄鱼嘴巴筋,鲫鱼肚下鳞。
黄鱼和鲫鱼这两个部位都极鲜美无比。极言好吃的美食。

活灵勿生,只会拖羹。
活灵,指心眼。拖羹,大吃易饱肚的羹汤。喻指做事没心眼。

火到猪头烂,钿到公事办。
形容钱能通神,用金钱去打点。此话含有讥讽之意。

家常便饭粗布衣,知冷知暖是夫妻。
美誉夫妻只要恩爱,即使吃青菜淡饭穿粗布衣,也是一对知心爱人。

专题讲座一　宁波话里的人物形象

在宁波话的词语体系里,活跃着一大批神态鲜明、语义特定的人物形象。这些人物形象,说话人一提及,听者立即明白对方所要表达的意思,而且由于说话人用这样的词语来表达,更能加强表达的生动性和针对性,也能使语言更活泼多彩。这些人物已经活在了宁波人的心里,也在日日能听见的宁波话里。这里介绍几个宁波人耳熟能详的人物形象。

丁相公　丁相公指一种做事为人非常认真,且几近于迂腐的人,一般多指男人。这种人的最大特点是会盯,一旦被其盯牢,你就休想轻易脱身。丁相公不但大事会盯牢,小到芝麻绿豆的事也会盯牢不放。并且盯你的这个人不是没有文化的粗人,也不胡搅蛮缠,反而有一种文绉绉的架势,貌似相公,让你无法应对,也无从滑脚。这样的盯功,与姓氏的丁谐音,故名之"丁相公"。宁波话的诙谐可见一斑。

王伯伯　与丁相公的较真正好对着来的就是王伯伯了。宁波人称呼那些好说大话,答应了别人相托的事,却老是不能兑现的人作王伯伯。让这样的人姓王,大概是因为王与黄,在宁波话语音里是同音的,黄有"事情要黄了"的意思,故名之。这样的王伯伯,辈分高居父辈,办事令人不悦。宁波话造词的讥讽手法,在这里得到了生动的体现。

阿毛娘 源自鲁迅先生的小说《祥林嫂》。祥林嫂生下的儿子阿毛被狼拖走遇害后,祥林嫂作为阿毛的娘,痛不欲生,逢人便说阿毛的惨事,一刻也不停,使人听了不忍又不胜其烦。用阿毛娘来比喻那些喋喋不休的女人。

桥头老三 这个老三,不是实指排行老三,而是老三老四的意思。旧时村口桥头等处,都是村人们谈论国事家事公众事最常去的地方。在桥头人多口杂之处,夸夸其谈而又自高自大的人,一般被人视作有点狂妄,因而称之为桥头老三,也是人们心中固定的一个角色形象。

牵扯阿姆 牵扯阿姆就是那些说话颠三倒四且主旨不清的大妈级妇人。这样的人在现实生活中不少,往往令人讨厌,但你又不好发作。女人们也都对这种人极为反感,一旦被众人贴上牵扯阿姆的标签,就会大发雷霆。因此,男人不要随意赐予女同胞这个"雅号",切记切记。

上落先生 上落先生是那些自己没有主见,随大流上上下下的男人。先生的称呼有揶揄之意。这种类型的男人在社会上是多数派,于己无利,于人也无益。芸芸众生,但求内心平和,夫复何求哉。因此,上落先生并无贬义。

抲蛇阿三 能捉蛇之人必有干练又凶狠的一面,因而抲蛇阿三自然是指那些好为人出头又貌似凶顽无赖的男人的形象。在农耕社会的乡里,活跃着一批这样的人,构成了底层社会的斑斓色彩。旧时老实巴交的农户人家,常常以抲蛇阿三来了的话语,来吓唬不听话的孩子。由此可见,抲蛇阿三也不能算是一个受人欢迎的好称呼。

在行三叔婆　在行,宁波话的意思是聪明,并透着小小的精明,也掺杂着一丝自以为聪明的成分。在行三叔婆,就是集上述多种意义于一身的人物。被人认定为在行三叔婆的女人,往往自以为聪明过人,且好为人师,对人对事总以为比别人技高一筹,处处要显示自己的能力超群,事事要表露自己先知先觉,其实,其智商也不过尔尔,为人处事常常贻笑大方。这样的在行三叔婆还是不做为好。

阿林娘　阿林娘原是越剧《碧玉簪》里的主人公王玉林的母亲,以能说会道巧舌如簧而成典型形象,在民间深入人心。宁波话借用这一戏剧人物来形容能说会道的女人。

包龙图　宁波人说某人是包龙图,即是说这个人脸色黑或小孩的脸脏。在古代戏曲里,宋朝的包拯以刚直闻名,且其人面色墨黑,更具铁面无私、不徇私情的外在特征。在这里是一种语言的指代手法。包拯因曾被封为龙图阁大学士,故人们也叫他包龙图。

迂头阿毛　迂,迂腐的意思。迂头,是指既不合时宜又傻里傻气的人。阿毛这个名字,在旧时的乡间普及而土气,泛指傻瓜一类人物。显而易见,迂头阿毛就成了因傻冒而讨人厌的典型形象。

第六课 买房子

你们这个楼盘什么时候开盘呢?
捺该楼屋啥辰光开张?
捺格楼哦舍辰光开将?

这套房子总价多少?
该屋总价钿多少?
该哦总价钿多少?

小区一共有多少户人家?
小区拢总有多少份人家?
小区拢总于多少份宁家?

这种套型适合新婚户使用。
该种格式结婚人家候扣好。
该种格吸节婚宁家候扣好。

每幢楼有电梯的,一梯两户。
每幢屋电梯装的嗬,一部电梯两份人家。
每透哦地梯装的嗬,耶部地梯两份宁家。

小区周边有菜场,医院也很近。
该地近横有小菜场,医院也交关近。
该底近横于小菜强,医于也交关近。

明年三月新房就交付了。
明年三月份新屋好交拨侬唻。
明尼子三月份新哦好交拨侬类。

词语

房屋	屋爿
造房子	起屋
温室	暖房
茅屋	草窠
露天柴垛	柴蓬
露天草垛	草蓬
床板	丈板(丈,音强),铺板
住宅前空地	道地
客厅	客堂,坐起间
中堂屋	堂前间

屋脊	屋山尖头(尖,音几)
墙角	壁角(角,音各)
屋顶上面	屋头顶(顶,音登)
屋顶通风窗	老虎窗
楼上	楼顶(顶,音登)
楼梯	路梯,格步路梯
楼梯口	路梯棚头
门槛	地卜
窗户	窗门
厨房	灶跟间,灶跟,灶披间
旧式门键	门挈
柱子	屋柱(柱,音除)
篱笆	枪笆
浴室	混堂
旅馆	栈房,客栈
住	屯,宿
店铺	店堂,店堂间,店家
关门停业	打烊
百货商店	广货店
售货摊	摊头
理发店	剃头店
消防队	救火会
起火	火着

飞溅的火星	火老鸦（鸦，音窝）
水泥预制板	洞壳板（壳，音窟）
拼花小瓷块	马赛克
水泥地	水门汀
鹅卵石	鸭蛋石子
纤维板	木屑板,锯屑板（锯，音该）
电线杆	电线屋柱
缝隙	缝道
痕迹	乌
裂纹痕迹	豁乌
裂缝	豁缝
建筑物交会处	汇角沿

上下句新解

地要买东乡,儿子要亲生。

以前买地选东乡,因为宁波东乡的土地肥沃,而儿子要亲生的,因会有发自内心的疼爱。故这样说。

男人败,拆屋卖;女人败,养鸡卖。

败家,女人只变卖点养鸡钱,男人会拆屋变卖。这句话的意思是说男人败家才是真的败家。

雪上加霜,瓦片放汤。

连着雪霜交加,瓦片在水中浸泡如同放汤一般。喻指接连受打击遭遇不幸。

朝北财主,弗如朝南屋柱。

朝北财主,指背时的人。朝南的柱子沐浴在阳光下,也比朝北财主吃香。

弗是怕老婆,为了省省祸。

这是男人对别人讥笑自己怕老婆时的自嘲。

人家钞票溪坑水,自家铜钿是金子。

溪坑水,喻指不在乎。金子,指值钱,会当回事。暗讽花别人的钱不心疼的行为。

人心隔肚皮,三爹六主意。

不同的人的想法多种多样,人多了意见就很难完全统一。

日里三餐饭,夜里三块板。

三块板,指睡的床铺的底板。上下两句说穿了人的生活需求其实十分的简单。

虱多弗痒,债多弗愁。

身上虱子多了,痒不胜痒,不觉其痒,以此比喻人负债多了的感受如同这般。

连灶连眠床,对落是屙缸。

眠床,即睡床。屙缸,这里指马桶。对落,正对面。极言居所的局促狭窄。

打铁勿论炭,养儿勿论饭。

炭足火旺才能打出好铁,饭饱营养好才能养出好儿子。意为办成大事要不惜血本。

肚勿痛,肉勿亲。

亲生的小孩因为经过阵痛的折磨才更能体会到骨肉之亲。反之就缺少亲情。

夫妻造孽常事,邻舍插劝多事。

造孽,吵架。插劝,劝架。意为夫妻或亲人间的矛盾,旁人不宜多管。

第七课 谈生意

赵总在吗？
赵总来的否？
乔总来滴哦？

我是大发公司的董事长朱明。
我是大发公司的老板朱明。
额窝时佗发公司老板朱明。

这么迟才来，给你们添麻烦了。
介晏还只来，要捺疙瘩嘞。
介晏滑决来，要捺疙瘩嘞。

先听听你们的产品介绍。
先听听你们货色咋话。
西听听捺吼煞咋话。

刚才这个问题我没听清楚。
头冒该个话头我吭没听清爽。
头冒该格话头<u>额窝</u>吭没咋听清桑涅。

你能说得慢一点吗？
侬好讲呣稍微慢点否？
侬好刚呣稍为咩眼哝？

这个问题没有涉及你们的商业秘密吧？
该事体和你们的商业秘密不搭界吧？
该事体搭捺格商业秘密否搭界嗳？

这是我们的最低价格。
该是阿拉格顶低价钿了。
该时阿拉噶丁底价钿了。

可以把这些资料带回去吗？
好搭该眼资料拨阿拉带回起否？
好搭该眼资料拨阿拉大回起哝？

我们的想法是一致的。
阿拉格忖头是铁式无疑嘀。
阿拉格忖头时铁煞无尼嘀。

这是我们的订单。
该是阿拉格定单。
该时阿拉格亭单。

很想谈成这笔交易。

否怕忖谈成该笔生意啦。

文怕忖谈成该笔生意啦。

谢谢合作。

谢谢合作。

牙牙哈作。

词　语

当初	落目
怎么收场	咋结煞
下决心	发心
推算	派
说定	拷定
事先约定	扣
事情结局	落底
万一	单怕
故意	特为,特意,特特意
照顾	顾着
知道	得知
得当	得法
喜欢	相信
以事相托	相烦

委曲求全	伛头磕脑
认作亲戚	继拜（含有过继的意思）
答应	应嗨
拒绝	回头
祈祷；诅咒	忏念（忏，音参）
发誓；赌咒	罚愿
记挂；念叨	传（音瞿）
滋补；补养	浆补
坦率；不客气	从直（直，音劫）
不满；指责	嫌贬（音意比）
纠缠；搅扰	百债
整理；整治	居作
人的才能	脚色
差不多	脚碰脚
对着干	扯篷（扯，音叉）
找岔子	寻轧勒门（寻，音赢）
行贿	塞暗梁头
吵架	造孽
打架	打相打
耳光	巴掌、豁辣面
退缩；耍赖	咕倒
退一步说	跌倒势讲（讲，音刚）
打后脑勺	吃后扑

承担后果	背包袱(袱,音卜)
有了麻烦	汏头皮(汏,音大)
被人折腾	居作煞
受骗上当	背木梢
做事马虎	拆烂屙
串通做坏事	解板(解,音夏)
找碴子滋事	寻吼势,寻轧头,寻隙头
被人误会	吃背铧
哭闹撒野	做无赖(赖,音啦)
招呼;叫唤	讴
自带;外送	担(常特指饭菜类食物)
转身	转侧(转,音居;侧,音则)
摔跤	掼倒
翻跟斗	翻顶倒
侧身翻	打虎跳,虎跳
倒立	竖蜻蜓,笃蜻蜓
准确	准足
规矩;规范	钉准
认真;刻板	一钉一眼
不主动不灵活	拨拨动动
竭尽全力	生三
大家帮助	众人扶助
浪费;糟蹋	浪蚀(蚀,音叶)

主意;决定	章程(程,音琴)
心思;心肠	心相,心度(含贬义)
舍命	背命
拼老命	净死老命(净死,音营西)
勤快	把节
迟到	晏到
思想	心望(望,音茫)
想法	忖头
头绪	头棣
才智	肚才
错算	恼算
灵魂	活灵
敷衍了事	还愿心,搭搭浆
草率行事	侬侬名
竭力寻找	挖壁打洞
彻底搜寻	括括煞煞
努力凑钱	并并当当
过度铺张	绷场面(场,音强)
平均计算	统差
跑腿	奔脚头
较量	拗手劲(劲,音琴)
赌气不干	掼锣柱
茫然游荡	吞长江(音吞强刚)

比试眼力	别眼火
占便宜	占相应（占，音几）
发生事故	出事体
凑钱聚餐	拷瓦爿
意外上当	背老耙
遭批评指责	吃牌头,吃喷头,吃蛋糕
两头受指责	吃夹饼,轧煞中央人
差错而赔偿	吃赔账（账，音将） 
中断接不上	脱绞（音槁高）
该连却断裂	脱隔
落在最后	背桌凳脚

上下句新解

生意人靠和气,种田人靠节气。
和气才能生财,把牢节气庄稼人才能保证农业丰收。

生意人靠货,种田人靠屙。
货物丰富才能吸引顾客,肥料充足才能确保农作物生长。话虽粗糙,道理实在。

生意做勿着一遭,老婆抬勿着一世。
讨老婆,娶老婆。做一笔蚀本生意是常事,娶老婆是终身大事,不可大意。

若要发,众人头上刮。

每个人都拿出一点,积少成多,你也就能发了。贬指克扣别人而肥私。

内行生意勿可错,外行生意勿可做。

警示做生意的人不可错过自己懂行的领域,谨慎进入自己陌生的行当。

满眼生人,自抲章程。

章程,主意。在一个没有熟人可以依靠的地方,要自己判断做出决定。

路走三遍弗生头,货问三家弗吃亏。

生头,陌生。以走路作比喻,犹言不怕不识货只怕货比货的道理。

闷声大发财,元宝奔拢来。

闷声,没有响动。奔拢来,聚集在一起。戏言不声不响的人发了大财。

第八课　看医生

挂号在什么地方？
挂号头来阿里？
古豪头来阿里？

挂什么科？
挂啥科？
古舍窠？

我感冒了，挂内科。
我伤风气了，挂内科。
额窝伤风气类，古乃窠。

一直站着很累，找条凳子来吧。
是介立的交关着力，寻根矮凳来呐。
是格栗滴交关着力，赢梗阿凳来呐。

今天没有专家门诊。
即末专家门诊呒没嘀。
即末居加门进呒没嘀。

你什么地方不舒服？
侬阿里勿爽快？
侬阿里弗桑夸？

这几天睡觉怎么样？
该二日困觉咋话啊？
该两聂困告咋话啊？

人全身骨头疼，非常难过。
人浑身骨头痛，交关难过。
宁浑心刮头痛，交关难过。

人感到一会儿冷，一会儿热。
人觉着一昫冷，一昫热。
宁咯着耶尚啦，耶尚蓳。

我发高烧了，吃什么，吐什么。
我肌心发嘞特特滚，吃啥西，冒啥西。
额窝几心发勒特特滚，缺息西，冒息西。

脚扭伤了。
脚骨别出了。
甲刮别戳嘞。

酒不要喝得太多,对身体不好。
老酒莫吃嘞忒多,搭身体勿好。
老居冒缺嘞忒多,搭心体弗好。

先去化验。
先起化验。
西起火验。

先去打针,再来配药。
先起打针,回转来再配药。
西起打进,回居来再配牙。

这药很灵的,就是价钱有点高。
该药交关灵嚛,独怕价钿有眼大。
该牙交关灵嚛,独瀑价钿于眼佗。

这是一个疗程的药,吃了没效果再来看。
该是一个疗程的药,吃嘞呒用场再来看。
该时耶个疗琴噶牙,缺勒呒韵强再来凯凯坎。

病情减轻	差眼(差,音挫)
感冒	伤风气
有点发烧	肌心热

死亡;亡故	翘辫子(多戏谑意)
脸色苍白	缭白,缭白白
夏日萎靡	疰夏
中暑	发痧气
患病	生病之痛
传染	移过
受凉	冻进
晕车	疰车
晕船	疰浪
淹死	浸煞,沃煞
投胎	投人身(人身,音宁心)
麦粒肿	偷睛
近视眼	差眼,近气眼
红眼睛	肮脏眼(肮脏,音拗糟)
青光眼	青盲眼
半聋	借米聋
麻疹	出初子
冻疮	冻瘃(瘃,音足)
鼻塞	哝鼻头
疥疮	疙痨
梅毒	杨梅疮
疮痂	衣
疤痕	瘢疤

雀斑	渍子斑（渍，音接）
斜出的畸牙	灿牙
手臂瘫垂	疯手
手指痉挛	鸡爪疯（爪，音早）
带状疱疹	缠身龙（缠身，音其心）
皮肤上的小疙瘩	蕾
皮肤上的小肿块	疹（音井）
脸上的粉刺	僵米蕾
头上鼓包	瘃
头上长癣	癞头
皮下淤血	乌青
口角炎症	嘴角疮
淋巴结肿大	亨阳核（核，音活）
扁平疣	老鼠手，老鼠乃乃
淤血泡	紫血泡
又紫又肿	青大肿
气喘病	气紧
肺结核	痨切病
哮喘病	吼驼病
狐臭	老鸦臭（音老窝去）
疟疾	买柴病
鸡胸	前驼背
黄疸肝炎	黄胖病

血吸虫病	鼓胀病,筲箕肚
丝虫病	发流火
肾炎	腰子病
阑尾炎	盲肠炎
蛔虫卵引发面斑	冷饭块
丝虫病引发腿肿	大脚风,橡皮腿
舌头过长或过短	笃舌头(舌,音叶)
癫痫	羊癫病,猪癫病
疝气	小肠气,大卵袋
口吃者	革舌头
豁嘴者	缺嘴
少门牙者	缺牙龙(牙,音我,白读)
上齿外露	爆牙
上齿内陷	瘪嘴
哑巴	哑子
聋子	聋朋(朋,白读)
瘸子	拐脚(脚,音将)
嗓子沙哑	沙胡咙
眼珠外斜视	斜白眼
眼珠内斜视	斗鸡眼
说话含糊不清	含糊道
常眯眼睛	眯刺眼

不停眨眼睛	多眨眼（眨，音色）
眼窝深陷	镂眼
常流鼻涕	拖鼻头
歪脖子	缠头鹅（缠，音其）
呕吐	冒
腹泻	肚皮撒（撒，音杂）
胃酸	厌酸
打饱嗝	打嗝
感觉头晕	头晕心烘
感觉想吐	恶心漾漾
头痛发胀	头痛膨胀
咳嗽	嗽，呛
食物误入气管	呛翁
思恋异性发病	花癫大胡（大，音佗。）
精神病患者	大胡，大胡病
把脉	搭脉
药片	药丸（丸，音圆）
红汞	红药水
紫药水	蓝药水
维生素	维他命
配取中药	撮药（撮，音捉）
缓解病痛	解缚（音嘎婆）
煎中药的陶罐	药砂罐

上下句新解

脚痛叫皇天,手痛做神仙。

叫皇天,很无奈。做神仙,快活自在。言脚痛和手痛后两种截然不同的休养体验。

冬补十进九,夏补随汗流。

意思进补的时节最好是在冬季。

冬吃萝卜夏吃姜,长年勿用看医生。

冬天多吃些萝卜,夏天经常吃生姜,身体自然强壮,不用上医院了。

单方一味,气煞名医。

单方,偏方。灵验的偏方能治好重病,让名医也干瞪眼。

热饭冷茶淘,爹做郎中医勿好。

用冷水泡热饭,吃了后必定生病,即使有做医生的爹,也看不好这个病。

天冷东风西风,年老东痛西痛。

人老了毛病多了,这是自然规律。

牙痛勿算病,痛起来要性命。

牙齿之痛,病人自知而旁人难以体察。

眼睛大只小,看见东西样样要。

大只小,言指本应对称的东西不对称了。戏言喜欢占便宜的人,眼睛一只大一只小,好多占东西。

一顿吃伤,十顿喝汤。
劝人不要暴食,否则会因一餐贪嘴伤了肠胃,而付出接连几餐不能正常进食的代价。

中药店里揩桌布,揩来揩去总是苦。
以中药店里的抹布作比喻,极言总是受苦的人或事。

嘴巴馋痨,一世难熬。
馋痨,嘴馋。难熬,日子难过。形容有的人因嘴馋而一生不得安生。

百货中百客,百病有百药。
通俗地说明人有各种需求,也能找到各种解决的方法。

病来如山倒,病去如抽丝。
如山倒,比喻很猛。如抽丝,喻极慢。对比起来强调生病容易治病难的道理。

除死无大事,讨饭永勿穷。
死亡是人生最大的事,讨饭是穷困的极点了。除此两件事,无与之可比。

第九课 找工作

你好。
侬好。
侬好。

你来找工作吧?
侬来寻生活啊?
侬来赢生活啊?

先在这里登记一下。
先来该地登个记。
西来该底登个记。

证件、材料都带来了吗?
证件、材料和总带来了否?
进奇、材料和总佗带来滴嘞?

看看身份证,毕业证,个人简历。
身份证,毕业证,个人简历先看看。
新纹进,毕聂进,果宁几历西凯凯坎。

你学的是什么专业?
侬学的是啥专业啦?
侬镬滴时舍居聂啦?

电脑会操作吗?
电脑咋弄弄晓得否?
地脑咋农农笑得哦?

你有什么特长?
侬有啥特长呢?
侬于舍达强涅?

你有什么业余爱好?
侬有啥西业余爱好?
侬于息息涅于爱好?

我会拉小提琴,还会打篮球。
我会拉小提琴,还会打篮球。
额窝卫拉肖提琴,活卫打篮瞿。

你做过这样的工作吗?
侬该种样的生活做过否?
侬该种样格生活做过哦?

简单说说你怎么去完成这项工作?
随常讲讲侬咋去完成该样生活?
裁常刚刚侬咋起完琴该样生活?

你想得到的月薪是多少?
侬忖每个月达到工资多少呢?
侬忖每个月达到工资多肖涅?

这么高的工资,我们公司可能达不到。
介高的工钿,阿拉公司估计达否到嗬。
介高噶工钿,阿拉公司估计达哦到嗬。

是否录用你,都要由公司集体决定。
到底要用你否,和总要公司集体决定。
到底要用侬哦,和总要公司接替决定。

我什么时候可以来报到?
我啥辰光好来报到啦?
额窝舍辰光好来报到啦?

等我们通知你。
等阿拉通知侬好嘞。
等阿拉通知侬好类。

你明天就来上班吧。
侬明朝来上班退过嘞。
侬米叫来常班忒果嘞。

词语

文盲	亮眼瞎子
笨蛋	笨贼佬
小气	小吊码子，做鬼弗大（鬼，音居）
财迷	要钿呒郎
敲诈	敲竹杠，敲横档（敲，音考）
囚徒	牢监犯
诈骗犯	骗贼拐子
傻乎乎	木笃笃
没兴趣	呒趣相
没主见	呒头埭
恶作剧	恶弄耸
摆架子	摆沙头
不光彩	鸭屎臭（音厄四去）
劳碌命	沙蟹命（沙蟹，音梭哈）
无所谓	呒进呒出
低能儿	鞋步其（鞋，白读）
黄头发	黄头猫（猫，音蛮）
尖嗓门	加八厉
不直爽	屙泥脾气
脾气倔	窝
天生缺陷	胎里毛病
嘴馋的人	馋痨鸦么（鸦，音窝）

不知好歹	蜡烛
故意作对	横对
缺心眼的	呒活灵
喝酒过度	二五八六（二，音尼。五，白读）
相互对峙	迎斗势
隐瞒过错	做小货
没有本事	呒脚色（脚，音节）
没剩多少	呒淘尽
皮肤黝黑者	黑炭，黑炭头（黑，音赫）
发育不全者	僵果佬，僵果
言行不得体	迂得得（迂，音于），迂头刮气
附庸风雅的人	逐魂装翠鸟（鸟，音雕）
光说不会做	闲白直
好拆毁东西	热拆骨头（热，音聂）
游戏时捣乱	吵棚乌龟（龟，音居）
处世经验多	老鬼三（鬼，音居）
屡教不改的人	老油条
不与人交往	断六亲
粗鲁不文雅	武耍耍
态度不明确	死藤南瓜（死，音西）
没有好结局	呒结果
游手好闲的人	快活人
不会游泳的人	燥地鸭（鸭，音安）

不该出生的人	多老娘钿
体弱的老病号	生病黄鱼
死板教条的人	丁相公
头上很会出汗	蒸笼头
蛮横无理的人	阿横（横，音旺）
吃光用光的人	蛇箩，塌底蛇箩
傲慢好为人师	老三刮气，老三，老三老四
夸口但不兑现	万三鬼，万三（鬼，音居）
常说假话的人	百骗（骗，音批）
越活越笨的人	倒夜笨
惹人讨厌的人	迍头
遇难事就躺倒	擂倒牌子
老是麻烦不断	蹊跷瓦爿
无能又无脾气	烂泥菩萨
不好对付的人	坏吃芋艿头（坏吃，音哇缺）
阴险狠毒的人	恶蚊虫（蚊，音门）
怒气冲冲的脸	黑虎山（黑，音赫）
精于计算的人	镂勾丝
专门算计别人的人	心思鬼（鬼，音居）
使人花费增大	绷袋口
衣着凌乱的女人	体汰婆
百无聊赖无事做	呒手势
做事不光明正大	鬼撮比（鬼，音句）

| 啥事都会但不精 | 三脚猫 |
| 遇事都要插上手 | 样有份 |

上下句新解

矮子多肚肠,长子呒料量。
矮子、长子分别指个子高矮的人。世人以为矮个子比高个子的人心思要细密。

办事体看人头,做生意靠嚎头。
嚎头,意为外包装。以此比喻人们往往先看重人的外在。

背后忖忖气煞人,当面呒没接口令。
接口令,对答的流利程度。当面有话接不上来,回去后想想气恼万分。

别人事体头顶过,自家事体穿心过。
别人的事再大也就听过算了,自己的事再小也会在心中留下印记,难以忘怀。

财与命相连,做煞呒相干。
呒相干,没用。此句意为发财是命中有定数的,要凭点运气,光苦干是没有用的。

草鞋没样,边打边像。
旧时编织草鞋主要凭感觉和经验,此句借喻任何事情做起来都会像模像样的。

吃吃刘备饭,做做曹操事。

刘备和曹操是对垒的两个阵营,比喻某人身处一方却做有益于另一方的事。

出力勿讨好,阿黄舂年糕。

阿黄,泛指出力干活却不得力的人。此话是说干活只会使蛮力而不讨巧。

聪明看眼目,富贵看手足。

人是否聪明只要看看他的眼睛有无灵性。人是否富贵只要看看他的手脚的模样。

忖忖好像诸葛亮,做出事体三勿像。

想想要像诸葛亮一样有计谋,但做出来的事情不伦不类。讥讽眼高手低的人。

大懒差小懒,小懒使脚板。

差,支使。脚板,干苦力的人。懒惰的人做事推来推去,最后只有干苦力的人来承担工作。

倒贴铜钿白吃饭,生活拨侬学学惯。

生活,技艺。惯,学会。在人家那里学习技艺,不收你的学费,还给饭吃,并学会了技术。

跟黄狗吃屙,跟老虎吃肉。

话显粗野,但直白地说出了跟什么人得到什么结果的处世之道。

后生苦勿算苦,老来苦苦中苦。

后生,年轻人。老来,年老时。年轻人吃点苦不算苦,年老了还要吃苦才是真正吃不起苦。

男怕入错行,女怕嫁错郎。

行,职业。郎,老公。男人要谨慎地选择行当职业,女子要挑好如意郎君。这都事关一生。

第十课　住宾馆

有标准间吗？
有标准间否？
于标中敢哦？

早餐是免费供应的吧？
天亮饭是白吃的否？
替凉凡时白缺格哦？

房间价钱可以打折吗？
房间价钿好打折否？
房敢价钿好打节哦？

这已经是优惠价了。
该老早是优惠价了。
该老早时吁卫价嘞。

房间可以给我看一下吗?
房间好拨我看看看否?
房敢好拨我凯凯坎哦?

房间设施不太好。
房间摆设勿大好。
房敢巴吸弗大好。

就要这种房间吧。
就要该种样格房间好嘞。
瞿要该种格房敢好嘞。

房间里的电脑可以上网吗?
房间里厢电脑好上网否?
房敢里厢地脑好上忙哦?

宾馆的商务中心在几楼?
宾馆里厢商务中心来几楼啦?
宾古里厢桑无中心来几楼啦?

发票上名称怎么写?
发票抬头咋写写?
弗票抬头咋下下?

词　语

睡觉	困觉（觉，音告）
睡醒	调觉
瞌睡	打瞌眈
起床	爬起
洗脸水	面水
护肤霜	雪花膏（雪，音束）
洗脚水	强脚水
床	眠床
插头	插扑
多用插头	拖鞋爿
洗澡	强肉
擦身	浇身（身，音新）
洗脸	强面
理发	剃头
打牌	打派司爿
下棋	着棋（着，音节）
刷子	板刷
洗衣粉	肥皂粉（肥，音皮）
信封	信壳
信笺	信纸
印章	图书
证件	派司

钱包	皮夹
零票	单票
硬币	角子
火柴	自来火
烟嘴	咬口
烟蒂	香烟蒂头
针线筐	家空篮
梳头盒	梳头盘
镊子	镊子钳
鞭炮	百子炮

冷被冷席,困倒就热。
此句意为出门在外要多将就些,不要过于计较条件的好坏。

肚饥勿论好羹汤,瞌睡勿论好眠床。
此句的意思是出门在外,吃的睡的都要根据条件适应环境。

一世做人,半生在床。
这句话的意思是一张适合自己的床,对自己的生活是多么的重要。

有吃呒吃,莫屯朝西朝北。
屯,住的意思。不论生活条件怎样,选择住房时不要朝西朝北,以防房间阴冷潮湿没有阳光。

凉亭虽好,终非久留之地。

人在旅途总比不上在家里来得安心长远,故有此语。

专题讲座二　宁波话里的植物拟人

宁波地处江南水乡,水陆草木之花繁多,谷物果蔬遍布四野。勤劳的宁波历代先人,不仅发展农林牧副渔各项产业,而且在生产中掌握了植物的品性特点,并把一些有特色的描绘融入到语言之中,使宁波话带上了泥土气田野味,增强了宁波话的表现力。这里仅仅记录几个用植物来拟人的词语,以窥一斑。

大胖花生　大胖花生是外壳看起来长得胖鼓鼓,但里面的果肉却很小的花生。用"大胖花生"来形容人,就是指那些看上去身形高大却没有力气的人。大胖花生一般是从体力的强弱与人身体的大小不相称来说事的。

死藤南瓜　南瓜靠藤蔓吸收营养促进生长,如果藤死了,南瓜的生命力也式微了,其表现是有气无力,丧失了朝气蓬勃的气息。说某个人"死藤南瓜一样",就是说这个人毫无生气,木讷呆板。"死藤南瓜"多形容性格内向的人。

白肤冬瓜　宁波一带的本地冬瓜外表有一层霜样的白粉,俗称白肤。这样的冬瓜看上去犹如生有雪白的皮肤。因此,用"白肤冬瓜"来拟人,就是指某人的外表肤色雪白可人。有时也不光是指肤色,如一个人身上沾上了白粉,落满了雪花,也会说其像"白肤冬瓜"。

杜仲包　杜仲是一味中药材,形状圆润且鼓胖。把人说成是"杜仲包",多有戏谑的成分,但并无恶意。一般情况下,某人的肚子圆鼓或人的着装臃肿,都可能被宁波人说成是"杜仲包"。

石缝笋　石缝里是不会生出笋来的,如果石缝生笋,那就十分古怪了。用"石缝笋"喻人,就是说这个人古怪孤僻,难以接近和相处。

滑芋艿　滑芋艿指的是小滑头一类的人。芋艿的特性是圆溜光滑,把这个特点用在人的身上,也很能突出滑头滑脑人的性格特征。

歪吃芋艿头　歪吃,意指不好吃,引申义为不好对付的人和事。芋艿头,集滑溜和韧性于一身。"歪吃芋艿头"专指那些难缠而又刁蛮的人。

了藤饭瓜　指最后的一个人或最后的一件事。了藤,收取最后的一批果实后,把藤蔓也给了结了的意思。饭瓜,宁波老话里对南瓜的别称,源起古时宁波人常常受饥挨饿,用南瓜当饭充饥,故有此名。

绕藤饭瓜　与了藤饭瓜的"了藤"刚好相反,绕藤,就是缠绕不休的藤蔓没完没了。绕藤饭瓜是指某些精于纠缠不肯罢休的人。

僵果　比喻那些发育不良身材瘦小的人。僵果,过了生长期依然不能成熟的果实,这样的果子又涩又小,僵硬无味。用"僵果佬"说人,含有贬义。

掼煞汪梅　掼,摔打。汪梅的汪字,作软而多汁解。汪梅,是成熟柔软的果子,经得起摔打而不腐烂。掼煞汪梅就是那种经受得住摔打的梅子。因而,在宁波人口中,掼煞汪梅专指外表看来柔弱无力,但筋骨硬朗的人。

好吃果子　形容好摆布的人。好吃的果子，人人都想而且都会摘来吃，用果子拟人，好吃果子就成了听任别人调派的人了。

拷瘪番薯　某个人脸孔五官长得较平且头部扁平，会被人戏称为"拷瘪番薯"。本来番薯一般都长得圆鼓鼓的，挤压后才会变得扁平。拷瘪，即指经过拷打后的平坦。这样的说法，不失为宁波人一种无伤大雅的调侃。

绿豆芽　指细长而干瘦的人。以绿豆芽的外形特点来拟人，恰到好处地描摹了一个人展现给别人的第一印象。旧时宁波贫穷家庭的孩子因缺乏营养，大多长成了"绿豆芽"。因而，"绿豆芽"一般多形容小孩。

第十一课 去上班

场景对话

你每天几点钟上班?
侬每日几点钟上班?
侬每聂几帝钟常班?

上班怎么去?
上班咋去去?
常班咋起起?

乘公交车去。
乘公共汽车去。
庆公共汽错起。

我自己开车去。
我自家开汽车去。
额窝移各开汽错起。

路上很堵。
马路里夹塞了。
马路里嘎煞嘞。

上班迟到了。
上班晏到了。
常班晏到嘞。

今天我要请假，家中有事。
即末我要请假，屋里厢有事体。
即末额窝要庆咯，窝里厢于池替。

同事们都来得比我早。
队伙和总比我来得早。
队伙和总比额窝来嘞早。

明天我要早点上班。
明朝我要早眼上班。
米叫额窝要早眼常班。

上班时间不要打私人电话。
上班辰光莫自家打电话。
常班辰光冒移家打地话。

下班前要开一个会。
落班前头要开一个会。
落班移头要开耶格卫。

下班了

落班了。

落班嘞。

词语

赶早	起早
迟到	晏到
同事	队伙
轿车	小包车
大街	马路
断头路	笃塞槽
走近路	撩路
被批评	吃牌头，吃蛋糕
聚餐	敲瓦爿
闹矛盾	起绞沓（绞轧，音搞嘎）
街道	路街
公路	汽车路
铁路	火车路
车站	站头
人行道	上街沿，街沿
公交车	公共汽车
摩托车	马达克（外来词音译）

救护车	救命车
消防车	救火车
警车	拘人车
发动机	引擎
汽笛	回声
抛锚	插蜡烛
违约损失	空仓钿
自行车	脚踏车,踏脚车
双轮板车	手拉车
三轮货车	黄鱼车
三轮载人车	黄包车
行驶证	照会(照,音叫)
车把	龙头
车轴	天心
车轮	擂盘,轮盘
干活	做生活(生,白读)
装装样子	做戏文
独立成人	出道
下手	落手
独自创业	自道自撑(自,音移。下同)
独门独户	自关自过
主动灵活	看起生成(成,音琴)
做内应	做脚

各管各	各人管自,自管自
独立完成	一手落
收烂摊子	揩屁眼(揩,音卡)
任性	候自
起因	因头
被训斥	吃喷头
开玩笑	打棚
合作	搭对
合伙	搭拼,搭班
有关系	搭界
没关系	勿搭界
介绍	搭桥
赡养长辈	宗
独自行动	打独流
豁出去	随舍
实打实	硬碰硬
耍花招	调枪花
找茬	寻着
冒犯	引犯
故意捣乱	吵棚
抹下脸	丫脸犯落(丫,音窝)
眼珠突出	弹眼落睛
端正	落直(直,音杰。下同)

相互抵消	直直过
说话直接	直白白
人情互抵	两结结
输赢互抵	退皮
结清多角账	打回
比高低	别苗头
清空剩余物	包梢
坚持不让价	扳价钿
买便宜货物	撮强货
收入	进账
亏损	拆蚀（蚀，音叶）

图书勿明，单子勿灵。

图书，旧时宁波人指图章。单子，即发票。经营来往中对图章不清楚的发票可不作理会。

在家要结邻，出门要结伴。

居家生活要同邻里搞好关系，出门在外要同伙伴和谐相处。

带到路里，勿如吃在肚里。

有些东西带去路上吃，还不如先吃掉，带着麻烦。意喻有些事情要事先做好。

路生地勿熟,到处叫阿叔。

出门在外遇上不熟悉的路,要嘴甜脚勤多问路,才能不走冤枉路。

问路不施礼,多走几十里。

此言教你问路时要多用礼貌敬语,否则惹人不悦招来多走冤枉路。

吃饭要过口,做事要对手。

过口,指下饭菜肴。对手,即帮手。完成任务要靠大家的相互帮助才行。

酒肉朋友处处有,落难之际呒人救。

警示人们要交真心朋友,不要交酒肉朋友。

师傅领进门,修行靠自身。

在工作上,师傅的作用只能是指导,具体的实际工作要你自己去下功夫完成。

弗经一师,弗长一智。

没有师傅的指点,就不能增长才干。此句说的是师傅的重要性。

我想报宁波话培训班。
我忖报个宁波闲话培训班。
额窝忖报个宁不还话培熏班。

一学期费用要多少呢?
读一学期要多少钞票?
读耶镶其要多肖钞票?

一周要上几节课?
一礼拜要上几节课?
耶礼拜要常几节窠?

老师刚才的问题我没听清楚。
老师头冒格问题我听没听明。
老司头冒葛文题额窝听没听明。

我想买一本教科书。
我忖买一本课本。
<u>额窝忖麻耶本窠本</u>。

张老师上课很有水平。
张老师上课生活交关好。
将老司常窠生活交关好。

今天作业很多。
即末作业木老老。
即末作聂木老老。

明天要考试了。
明朝要考了。
米叫要考嘞。

词 语

学生	学生子
口头禅	口番
口语应答	接口令
悟性	挈头
守密程度	口风
聊天	讲大道
谎言	乱话

撒谎	撒乱话（撒，音斥）
嘲讽话	胀话（胀，音将）
风凉话	唠话
挑剔话	责闲话
嘲笑	发
怂恿	恤
顶嘴	应嘴（嘴，音主）
夸口	扯老谈（扯，音车）
说清事由	还报门
光说好话	捋顺毛（捋，音罗）
出面指责	出闲话
打听行情	领市面
重提旧话	炒冷饭
人事淡忘	呒话说
言语试探	打探洞
胡说八道	嚼麦糕（嚼，音协）
不声不响	闷洞弗响
言行出格	异样刮得，异样
书呆子	书独头
毛笔	墨笔
循规蹈矩	息息介
找岔子	寻吼势
害羞	老勿出

大大咧咧	大戳戳
不好意思	难为情
磨洋工	佯扫地
猜谜语	猜枚子
躲猫猫	寻幽猫（猫,音曼）
怂恿别人	抬城隍
搅浑思绪	搅脑子（搅,音搞）
海吹瞎说	扯野书
没完没了	讲走书
承担责任	挑肩胛
自己编造	自造腔

照烛求明,读书求理。

读书如同点亮蜡烛照明大地一样,能够点亮心智。

三日弗念口生,三日弗写手生。

三天虚指隔了几天。此言说的是读书写字要天天坚持,熟能生巧。

秀才勿怕衣破,只怕肚里没货。

肚里没货指没有文化。知识远比衣食重要得多,这是劝人勤奋学习。

勤学加好问,勿怕脑筋笨。
学问学问,一学二问,两者结合起来才能学到真知识。

木弗凿弗通,人弗学弗懂。
强调了学习对人生成长的重要性。

走弗完的路,读不完的书。
指出了读书是人一辈子的事,如同说活到老,学到老。

读书弗应用,等于耕田弗播种。
只会死读书是没有用的,要把学到的知识运用到实践中去。

读书为自好,吃饭为自饱。
把读书比作吃饭,都是自己的事,都是为自己的人生而增光。

大海弗怕雨水多,好汉弗怕困难多。
意喻想要成为有志向有成就的人,不要怕人生道路上的种种困难。

第十三课 搞娱乐

场景对话

唱卡拉OK去吗?
唱卡拉OK去否?
唱卡拉OK起哦?

我想去看电影。
我忖去看看电影。
额窝忖起凯凯地影。

那里有一家足浴店。
该边有一爿洗脚店。
该比于耶爿强脚店。

酒店里有篮球场。
饭店里厢有篮球场。
饭店里厢于篮瞿强。

酒店里有游泳馆吗?
饭店里游泳池有否?
饭店里游泳其于哦?

吃了饭我们一起去跳舞。
饭吃好阿拉聚队去跳舞。
饭缺好阿拉竖队起跳舞。

我对跳舞没兴趣,还是打牌吧。
我跳舞兴趣没嗬,还是打打派司爿好了。
额窝跳舞兴趣咩嗬,活是打打派司片嘞。

下班后我们来下盘棋。
落班阿拉来着着棋子来。
落班阿拉来节节棋子来。

词 语

洗脚	强脚
看戏	看戏文
糟糕	退过
不成功	倒作
勉强	硬孜孜
没兴趣	懈门,懈口(懈,音)
过关	过门

失约	打弹子
故意打岔	打过门
神通广大	路数粗
闲事	闲账
歪斜不正	歪七崎八（歪，音花）
怒气很大	怨气太白山
没气魄	吭气吭魄
心灰意懒	懒叹心头起
很丑	贼吭狗样
人品低劣	弗上科
品行不良	弗长毛（长，音将）
素质较差	弗在内
非常贪财	指甲兴（甲，音克）
门庭若市	地卜踏穿
花招	花头
麻烦	烦杂
纠葛	绞轧
坚强不屈	檀硬，硬扎
坚固不摧	扎柱
生疏不熟	硬拗崎
挺括不软	硬勒
过硬	硬旺
过分仔细	细碎

情面	面情
赏脸	卖面孔
畏惧	怕惧
名义	名头
眼红	眼痒
服气	落槛
满意	焐心
非常娴熟	翻登
精细灵巧	细巧
非常好	交关赞
不文明	邪气勃出
暗中阻挠	扳后脚
丢人现眼	现眼现得（现，读移）
牵累父母	连爹连娘，卖爹卖娘
被人愚弄	扯木人（扯，音叉）
老练	老结
不老练	嫩势
灵敏度	眼头
判别情况	看三色
呆头呆脑	大白灵性
倒了大霉	灰箩覆出
倒霉	秽气
地下活动	暗行生活（行，音航）

言行逆反	撑斗风船
说长道短	窄长宽短
见机行事	看起生成
安静	静注,静注注
易碎品	纸糊头
木已成舟	鹿过江
职业注定	饭吃煞
白费力	白龙王庙
安逸	安耽
稳当	笃定
安排得当	四四落直
立竿见影	现试文章
不明不白	好呒清头
突兀显眼	悬零个晓
悬空不实	悬势八脚
距离遥远	远天八地
千山万水	遥远隔水
不可收拾	近手弗来
一塌糊涂	河白烂滩
平局	呒输呒赢
很多牵连	牵丝绊藤
摆不平	蹊跷瓦爿

东拉西扯	七依八对
屡出差错	七错八改

 上下句新解

打球弗用腰,上下弗协调。
打球时必须要靠腰力,才能动作连贯协调。一语中的。

画马难画走,画狗难画头。
走,古义是跑。狗的头和马的跑姿最富变化生动,因此这样说。

画人难画手,画树难画柳。
手和柳都是线条细腻之处,要有技巧才能画好,故有此言。

三缺一,勿来伤阴鸷。
阴鸷,旧指阴德。搓麻将时四个人玩少了一个,为了叫人加入,故作这一戏谑之语。

明车暗马偷吃炮,过河小卒能吃将。
这是一句下中国象棋的行话,点破了各个子的作用和战法。

棋高一筹,缚手缚脚。
与棋艺比你高的人下棋,感觉到自己总是很被动,好比被捆住了手脚。

主随客便,客随主便。
主人和客人之间的相互谦让,又相互随意,不拘于烦琐礼节。

老老来走走，勿用挈包头。

老老，经常。包头，泛指礼品。亲朋间经常走动，就随意些，可免俗礼。

做戏的是疯子，看戏的是呆子。

这是对台上演员和台下观众进入剧情后都忘情于戏中的一种调侃。

第十四课 打官司

法院在哪里呢?
法院来阿里啊?
法于来阿里啊?

我来办理上诉案子。
我来办办告状案子。
额窝来爿爿告常厌子。

请律师要办什么手续?
请个律师,手续咋办办啦?
请个栗司,许蜀咋爿爿啦?

什么时候开庭?
啥辰光好开庭了?
舍辰光好开庭嘞?

今天我把证据拿来了。
即末我搭证据和总驮来了。
即末额窝搭进据和总佗来嘞。

检察院早就起诉你了。
检察院老早告侬了。
机察于老早告侬嘞。

一审判后还可以上诉的。
一审判落还好上告嚄。
耶新判落活好常告嚄。

给你请一个辨护律师好吗？
搭侬请一个辩护律师好否？
搭侬请耶个皮无栗司好哦？

民事赔偿的钱还没有拿到。
民事赔偿的铜钿还呒没驮到。
民时赔上格铜钿活呒没佗到。

拖欠农民工的工资要马上支付。
欠的农民工的工钿要当马回钞。
起的农民工格工钿要当马回钞。

词 语

马上	当马(马,音毛)
工资	工钿
支付	回钞
最后	押末,勒司克
味精	味之素
含糊	混道罗
工头	那摩温
买办	讲白驮
老头	窝尔曼
扑克	图勒克
门锁	司必灵
拐杖	司的克
话筒	麦克风
汽油	道士林
小提琴	梵华铃
鸣汽笛	拉回声
轴承车	倍铃车
针织绒衣	司卫脱
发动机罩	引擎盖

上下句新解

杀人抵命,欠债还钱。

这是一句有关法理的大白话。

抲贼抲赃,抲奸抲双。

抲,即捉。短短上下两句,说明了定罪要重证据,没有证据就不能下结论。

依勒皇法要打煞,依勒佛法要饿煞。

依勒,指遵循。是说如果僵化地依照严苛的刑法和佛法,人就没有生路可走了。

一场官司一场火,勿怕侬啢家计大。

侬啢,你们。家计,家财。旧时平民百姓打场官司往往是倾家荡产,故有此说。

十只黄狗九只雄,十个衙役九个凶。

衙役,特指官衙里当差的人。把衙役比作黄狗,是弱势群体对其凶狠的鄙视。

天大官司,只要斗大银子。

只要有钱就能打赢官司,这是对旧时司法腐败的透彻揭露。

有吃有用有人送,省吃俭用鬼弄送。

鬼弄送,指暗中被捉弄。有权有势的人财源不断,安分守己的人还要被暗地捉弄,描写了世间的不公。

第十五课 逛公园

场景对话

今天天气真好。
即末天家咋介好啦。
即末替咯贼介好啦。

公园里人来人往真热闹。
公园里厢的人穿进打出咋介闹热。
公于里厢宁到了交关贼介闹热。

我们一家今天上午就到公园玩了。
阿拉屋里合家老小上半日就到公园里厢翱和来了。
阿拉窝里和家老肖上半涅就到公于里厢拿乌来嘞。

他们在放风筝。
其拉来的放鹞子。
其拉来的放鹞子。

小男孩不要踩踏草地。
小顽草地里厢莫乱踔呐。
小顽草地里厢冒乱闹呐。

月湖公园里可以划船的。
月湖公园里厢好划船啲。
月湖公于里厢好窝船啲。

鄞州公园占地面积很大。
鄞州公园占地面积否派大了。
鄞居公于占地米接文怕耿嘞。

坐在椅子上晒会儿太阳吧。
椅子上头坐定晒晒日头菩萨了。
椅子上头坐洞沙沙聂头卜萨嘞。

##

天气	天家（家，白读）
太阳	日头菩萨
月亮	月亮菩萨
闪电	龙光闪（闪，音西）
风雨交加	斜风斜雨
细风细雨	雨毛丝
背风处	窝风

很干燥	粉燥
凉快	冷阴
很冷	冰骨斯冷（骨，音括）
温暖	窝暖
有点热	热度度，热温温
闷热	热拔拔
阳光灼人	渍辣辣（渍，音接）
很热	火热
滚烫	特特滚
天气闷热潮湿	湿勃几糟
逆水	斗水
逆风	斗风
到底	笃底，笃塞
荆棘	刺柴
松树	松毛
车前草	官司草
狗	黄狗
猴子	活狲（活，音滑，白读）
鸽子	白鸽
猫头鹰	逐魂
乌鸦	老鸦（鸦，音窝）
麻雀	麻将
蝉	蚱楝

萤火虫	火萤头
蟋蟀	丁狮子
蝗虫	谷蜢
蚊子	蚊虫（蚊,音门）
白蚁	棚虫
蚯蚓	促移
蜗牛	移移螺
青蛙	田鸡
蝌蚪	乌居头虫
蛤蟆	蛤霸,癞司（蛤,音革）

鸟儿飞勒高,天家一定好。

天家,即天气。出门看天,凭鸟类飞行的高低判断天气,此乃生活经验之谈。

花无百日红,人无千日好。

这句话充满了辩证法的思想,道出了万事万物都逃不脱物极必反的规律。

石板还潮,阴雨难逃。

还潮,因水气而潮湿。石板湿了预示着天快要下雨了。

冬冷弗算冷,春冷冻煞犊。

犊,宁波话读音近于挨,小牛也。以春天会冻死小牛,极言春冷比冬冷有过之而无不及。

小来外婆家,老来姐妹家。

小来、老来,意即小时候、年老时。人的一生各个时期有不同的亲情相伴。

娘舅大石头,闲话独句头。

以大石头比喻娘舅说话的权威,在外甥晚辈前,娘舅的话是说一不二的。

亲眷是只桶,拷开好箍弄。

拷开,意为打散。箍弄,意为圈成圆桶。此句话喻指亲情是打不散的。

专题讲座三　宁波话里的动物拟人

中央电视台的热门栏目《动物世界》里总是说,动物是人类的朋友。此话不假。在人类的发展史上,动物和人同生同长,密切相伴,息息相关。这种关系反映在语言中,以动物的神态动作来喻人拟人,成为语言构成和发展演变中的重要内容。宁波话也不例外,许许多多的词语和短句中都有动物。信手拈来,就是一长串。

咸骆驼　宁波话说一个人吃东西不怕咸,甚至嗜咸如命,就说这个人是咸骆驼。旧时人们以为,骆驼在沙漠上长途跋涉,长时间不吃不喝却能负重远行,靠的是吃盐所得的力量,因而骆驼是不怕咸的。用骆驼拟人,喻指嗜咸的人。

好日黄狗　好日,一般专指结婚的日子,后也泛指喜庆的日子。黄狗,在宁波话里是对狗的通称。在喜庆的日子里,人多场面热闹,连狗也会窜来窜去凑热闹。在这样的时候,小孩子也跑来跑去嬉闹。人们爱把小孩戏谑地称为好日黄狗,以表亲昵,也含有嗔怪的意思。

翻白泥螺　生长在泥涂上的小海鲜泥螺,背青灰色,腹灰白。平时泥螺趴着蜗行,一旦临死,就腹部朝天露出灰白的肚皮,摆出一副死猪不怕滚水烫的架势。翻白,是一种态度,一种无所谓的态度。因此,翻白泥螺就是宁波人口中"横竖横"的人的代名词。

胖货癞司　癞司,宁波话里指蛤蟆。胖货,很胖的东西。蛤蟆肚大体胖,用"胖货癞司"来比喻一个人体型肥胖虚大,十分贴切。

呒脚活狲　宁波人把猴子叫作活狲。灵巧的活狲靠的是灵活的四肢,才造就了它生龙活虎的形态,逗人喜爱。失去了双脚的活狲,哪怕眼神再灵活,双臂再乱舞,也是个无用之物。呒脚活狲,就是比喻那些空怀绝技却没有帮衬之人的人。俗语说的一个好汉三个帮,就是呒脚活狲的反衬。

盘洞沙蟹　指的就是时下很多的宅男宅女。生活在海涂上的沙蟹喜欢在穴中隐居。所谓的盘洞即是躲的意思。穴居在洞里的沙蟹,好像是宅在家里的男男女女,每天对着电脑手机自得其乐。这也可说是宁波话的新版词义。

闷洞老虎　这是形容那些平时不声不响,但一被触犯就会暴跳的人物。老虎是这类人的本性,但一般情况下却无所作为,没有脾气。这种没脾气却是表象,内心实在是强大到了不屑出手,出手就一剑封喉的程度。闷洞老虎和盘洞沙蟹虽都在洞里,但秉性不同,前者是要伤人的,后者是自娱自乐的。

偎灶猫　宁波话的猫都读作"曼"。冬天寒冷,猫总是依偎在热灶旁,一步也舍不得离开,而且萎靡不振的样子,胆怯又慵懒。用猫的这种神态来拟人,生动又形象。

环头小鸡　环,是无力地下垂的意思。小鸡的头都无力下垂了,你说这样子有多萎靡啊。环头小鸡多用来比喻那些遇不顺心不开心的事情时,变得垂头丧气的人。另外小鸡也是弱小的群体,环头小鸡更有可怜无助的含义在里面。

钻仓老鼠　老鼠钻进了米仓,那种兴高采烈自然是不言而喻的了。机灵是钻进米仓老鼠的最大特色。因此宁波人用钻仓老鼠来形容一个人灵活好动又颇显成功。老鼠的形象有点令人讨厌，但钻仓老鼠的内在秉性却也是无可厚非的。一般地，钻仓老鼠多用在小孩子身上。说大人是钻仓老鼠，是要遭人白眼的。

埠头黄鳝　旧时人们居住地的河边大都砌有埠头，供人洗菜洗碗洗衣。围在埠头边专吃这些饭粒菜屑的黄鳝，倒也活得有滋有味，以至于不愿意去别处觅食了。这些黄鳝就被人冠以"埠头黄鳝"的名头。那么，被称作埠头黄鳝的人，就是只满足于眼前的利益而无远大志向的人了。

燥地鸭　戏称不会游泳的人。鸭子本是水陆两栖禽类，只会生活在干燥陆地上的鸭子，总使人感到有很大的缺憾。因此，燥地鸭的称谓也有一种促人赶快去学会游泳的意思在里面。

老甲鱼　与燥地鸭的缺憾相对立，老甲鱼是对经验老到阅历丰厚的人的代称。甲鱼原以生命力强而著称，加上一个老字，更显功力不凡。能被人视为老甲鱼的人，虽然有时还带有一丝奸滑之贬义，但在人群中总有过人之处。

恶蚊虫　蚊虫就是蚊子。恶蚊虫是一种飞过来不声不响，但叮人非常凶狠的蚊子。说某个人是恶蚊虫，是指其平时不太说话，但一出口就很刻薄，恶语伤人。恶蚊虫也是阴险之人的代名词。

第十六课 做运动

---- 场景对话 ----

我们最好的减肥办法是多运动。
阿拉顶好的要瘦办法是多动动。
阿拉顶好嘎要瘦爿法时多童童。

去做一张健身卡
去做一张健身卡。
起做耶强奇心卡。

我每周去游泳三次。
我每礼拜去游泳三回。
额窝每礼拜起于泳三回。

坐办公室的人更需要运动。
坐写字台的人愈加要动动。
坐下时台格宁愈各要童童。

我们小区有个篮球场。
阿拉屯的地方有个篮球场。
阿拉屯格提方于个篮瞿强。

我的妻子在练瑜伽。
阿拉老婆来的练瑜伽。
阿拉老婆来滴里瑜伽。

我的同事都在学打太极拳。
阿拉队伙和总来的学太极拳。
阿拉队伙和总来滴学他击拳。

明天我们一家去登山。
明朝阿拉一份人家去爬山。
米叫阿拉一份宁咯起爬山。

词　语

游泳	游河
掉下	翻落
扎猛子	煞拱
脚抽筋	吊脚筋
样子	样范
倒下	擂倒
滑倒	皮倒

昏倒	厥去(去,音起)
大声叫	唏
小孩哭	叫
诉说	话
盘问	查查理理
舒适	写意,舒意
轻松	快活
舒服	乐胃
算了	是介
是要	是巧
总要	总巧

手舞足蹈,九十弗老。
生命在于运动,是这句宁波谚语的最生动的流行版。

若要身体好,日日爬起早。
爬起,即起床。早上起得早,空气新鲜,头脑清爽,对身体大有好处。

饭后百步走,活到九十九。
散步是最好的也是最便捷的运动,老少皆宜,故有此语。

常洗头脚,赛过吃药。

赛过,胜过的意思。勤洗也是一种运动,远远胜过吃各种保健品。

立像松,坐像钟,困像弓,走像风。

困,睡也。松树的挺拔,大钟的沉稳,弯弓的舒展,行风的轻盈,构成了健康体魄的美姿。

每天出身汗,毛病弗会来。

运动是健康的基石。出汗基于循环的通畅,对身体提高免疫力大有好处。

第十七课 办证照

场景对话

我来办房产过户手续。
我来办房产过户手续。
额窝来卝房产过无虚蜀。

办护照在哪儿?
护照阿里办啦?
无叫阿里卝啦?

通行证丢了,请给补办一张,好吗?
通行证笃落来,搭阿拉补办一张,好办否?
通盈金笃落来,搭额窝补卝耶强,好卝哦?

身份证要随身带好,不要丢失。
身份证要随身带好,莫笃落。
新纹金要随新带好,冒笃落。

还有一些材料我明天拿来。
还有一眼材料我明朝驮来好了。
活于耶眼材料额窝米叫佗来好嘞。

日子很紧了,可以早点办吗?
日脚交关紧,好早眼办好否?
日脚交关急,好早眼爿好哝?

麻烦你为我复印一张。
相烦侬搭我复印一张。
相烦侬搭额窝复印耶强。

几天可以来取证件了?
证件过几日好来驮了?
金其过几日好来驮嘞?

要多少手续费?
手续费要多少啦?
虚蜀费要多肖啦?

今天	即末
昨天	昨末
前天	前日(前,音移)

明天	明朝(明音米,朝音叫)
后天	后日
年月	年庚
日子	日脚
下次	下遭
以后	下两遭
早晚	早夜晚头
午夜	半夜过
夜里	夜里厢,净更半夜(净,音营)
有时候	有晌(晌,音枪)
一会儿	一晌(晌,音尚)
这会儿	该晌
这一下	该记
现在	乃介
过去	含早,含早之
白天的时间	天日
夜里的时间	天夜
白天	日里
晚上	夜到
时候	辰光
早上	天亮
清晨	天亮头
黎明前	乌龙送

天大亮	大白天亮
上午	上半日
中午	昼过
正午	当昼过
下午	下半日
上午九十点	上半晌
下午两三点	点心时
天黑前	夜快
平时	闲日
年头	年口
去年	旧年
一辈子	一生世
下辈子	下世
刚才	头冒
开始	起头
后来	后头
节日	节艮
节日里	节头节尾
本来	本当
小时候	小来
年老时	老来
从前	老底子
夏天	热天家
冬天	冷天家

上下句新解

有山必有路,有水必有渡。
渡,指渡口。比喻天无绝人之路,凡事必有办法。

不怕人家看勿起,只怕自家勿争气。
励志的豪言壮语。

敬了父母勿怕天,纳了赋税勿怕官。
敬父母,意为尽孝。纳赋税,意为守法。意思是做事规矩,则胸怀坦荡。

勿是侬格财,莫落侬格袋。
侬格,意为你的。警示人们勿贪非分之财。

与人方便,自家方便。
在人际交往中,遵循这一办事法则,就能无往而不成。

牛怕上轭,人怕落轧。
上轭,给牛套上架子,让其出苦力。落轧,被人拿着把柄。意为处世为人遇上厄运。

人要好话听,佛要香火敬。
要,这里意思是喜欢。形象地表达了人和神都喜爱被奉承的意思。

做一行,怨一行。
行,行业。怨,抱怨。意为每一个行业做起来都会有困难的。

有手艺吃手艺,呒手艺吃烂泥。
手艺,指手工技术。吃烂泥,旧贬指种田。意为靠手工技术谋生的人不用靠种田吃饭。

眼头活络,小苦勿吃。

眼头活络,即对人事的反应灵敏。意为灵活的人不会吃亏。

第十八课 过生日

场景对话

今天是我生日。
即末是我的生日。
即末时额窝生日。

我女儿生日在八月里。
阿拉囡生日列八月里。
阿拉囡生日嘞柏月里。

母亲的六十大寿在饭店里办酒。
姆妈的六十岁生日来饭店里办酒水。
姆妈格鹿蜀数生日来梵帝里爿居司。

生日蛋糕预订了吗?
生日蛋糕定好了否?
生日檀糕定好了哦?

你五十岁生日庆贺吗?

依五十岁做生否?

依五蜀数做生哦?

公司给每个员工年年发生日礼物。

公司搭每个员工年打年发生日礼品。

公司搭每个于工尼打尼发生日礼品。

小朋友过生日不要讲排场。

小顽小娘过生日莫大排斯场。

小顽小娘过生日冒大排斯强。

##

庆生	做生
年龄	年纪
长辈	老班辈
晚辈	后班辈
生日面条	长寿面
生日礼金	红包
全部	和总,净根
一起	大家(大,音哆。家,白读)
一共	一塌括之
特别	意外

完全	兜心
更加	益加
突然	贼时里
经常	老老
老是	是格
每天	逐日
早已	老早百里
刚刚	活即
总是	总归是
确实	实货
偏偏	偏生
不敢	怕其
直接	顶头摸脚
顺便	顺埭
仍然	仍规（仍，音琴）
千万	千定万定
也许	呒数
一下子	一时三刻
等会儿	晏眼
一直来	一到
提前	防早
立即	当马
过会儿	等晌

三十勿可错,四十勿可做。

错,错过。做,指做生日。旧俗以为三十岁一定要庆生,四十岁则不用办生日宴。

人熟礼勿熟,礼多人勿怪。

这句话的意思是说,人情来往不能以人熟不熟来取舍,必要的礼节不能省略。

侬敬人三分,人敬侬七分。

你敬重别人,别人就更加敬重你,这样人与人的关系就和谐了。

来客勿立起,主人呒道理。

客人来了,主人要起身相迎,否则是失礼的行为。

千里烧香,弗如孝顺爹娘。

远道赴寺院烧香去求功德,还不如在家里孝顺父母。

儿孙自有儿孙福,勿为儿孙做牛马。

一语道出了做父母的也要为自己的人生去追求幸福。

第十九课 赴婚宴

场景对话

新郎的新房在宁波东部新城,三室一厅。
新郎倌的新房做勒宁波东部新城,三室一厅。
新郎古格新房做来宁不东部新琴,三束耶厅。

今天酒席有二十多桌。
即末好日酒有廿多桌。
即末好涅酒于廿多桌。

主人不肯收我们的贺礼。
主人家勿肯收阿拉红包。
主宁家弗肯许阿拉红包。

贺礼送得多不太好,但总要送一点的。
红包送得多勿大好,但总要送眼嚆。
红包送嘞多勿大好,格总要送眼嚆。

新娘很漂亮啊。
新娘子生得交关出格。
新娘子生嘞交关出格。

酒席上的菜很丰盛。
好日酒下饭咋这么惬意。
好日酒下饭杂嘎下意。

新郎和新娘向双方父母三鞠躬。
新郎搭新娘要向双方父母亲三鞠躬。
新郎搭新娘要香双方父母亲三鞠躬。

新娘怎么还不来敬酒。
新娘子咋还勿来敬酒啦。
新娘子咋活弗来敬酒啦。

酒席散了后还要去参观新房。
老酒吃好还要去看看新房子。
老酒缺好活要起凯凯新房子。

新房装修得非常高档。
新房子装得犯关高级。
新房子装嘞犯关高级。

房里的家具十分齐全。
房子里的家计样样齐备。
房子里格家计羊羊移培。

新郎	新郎倌
新娘	新娘子
酒席	酒水
父母	大人
装修	装潢
家具	家计
高低铺	白鸽笼
桌子	桌凳
大圆桌	圆台面
凳子	矮凳
椅子	乌子
麻将桌	碰胡台
抽屉	抽斗
家境	势口
脸盆	面桶
铝制面盆	钢中面桶
顶针	抵针(针,音进。下同)
缝被针	印被针(被,音皮)
手提箱	挈夹
缝纫机	铁车
儿童车	座车
摇篮	箩窠

躺椅	困椅
工具	家生
被褥	被铺
被子	被头
床单	被垫（垫，音替）
被里子	被夹里
褥子	垫被（垫，音地）
被窝	被窠
草席	滑子
竹编凉席	篾席
床头柜	凳橱
菜橱	介橱
洗脚盆	脚桶

长辈勿完婚，晚辈难成亲。

在旧时的大家族中讲究长幼有序，结婚成亲也要论辈分次序进行。

秧好一年谷，妻好一世福。

种田靠的是好秧苗，家庭靠的是贤惠妻。娶个好妻子是男人一生的福气。

弗怕家当空,只要有个好老公。

家当,泛指家里的经济状况。此句突出赞美好丈夫对家庭的责任和影响。

若要夫妻同到老,梁山伯庙到一到。

梁山伯与祝英台的坚贞爱情传说在宁波家喻户晓,因此赴庙上香成为婚俗之一。

夫妻恩爱,讨饭应该,一个挈篮,一个绷袋。

生动描写出恩爱夫妻即便在辛酸的困境中,也透出无怨无悔的坚贞。

老婆抬弗着,一世苦弗出。

抬,即娶的意思。说的是娶了个不好的老婆,男人这一生算是吃尽苦头了。

儿子越大越分开,夫妻越老越恩爱。

这句同少年夫妻老来伴的道理是一样的精妙。

儿子是自家好,老绒是人家好。

老绒,老婆的俗称。戏言男人因审美疲劳而不恰当地同别人比较妻儿。

娇子弗能立业,娇妻弗能治家。

辩证而理性地揭示出一个道理:儿子不能娇养,妻子不能娇惯。

柴米夫妻,酒肉朋友。

柴米是日常生活的常态,酒肉是一时一地的交往。警示夫妻是天长日久的至亲,虽平淡却永恒。

第二十课 送故人

 场景对话

我是在报纸上看到讣告的。
我是来勒新报纸上面看见讣告嗬。
额窝来勒心报纸上米看将讣告嗬。

前些天他还很精神的。
早两日其还蛮健嗬。
早两聂其活蛮奇嗬。

他生前工作非常努力。
其在的辰光做生活交关勤力。
其来滴辰光做生活交关勤力。

他在公司里的人缘很好。
其来勒公司里格人意交关好。
其来勒公司里格人意交关好。

明天八点钟在殡仪馆开追悼会。
明朝八点来勒火葬场开追悼会。
米叫拨低来勒火葬强开追悼会。

幸好他的子女都有出息了。
去煞其格儿囡和总出道了。
去煞其格嗯子囡和总出道嘞。

殡仪馆去过后更明白要好好做人。
火葬场去过回来益加忖明白做人要好好交。
火葬场起过回来益加忖明白做人要好好交。

词　语

过世	过了
殡仪馆	火葬场（场,音强）
做佛事	做功德
招魂	讴活灵
超度亡灵	做道场
超度孤魂	放焰口
白布孝帽	白帽头
哭丧棒	孝杖棒
死后逢七祭奠	做七
死后百日祭奠	做百日

死者生死日祭	做忌日
酒鬼	老酒饱
瘦长的人	直壁细
矮胖的人	矮铜鼓
大胖子	大块头
小胖子	大阿福
凶女人	雌老虎
骚女人	狐狸精
越规的人	十三点
迟钝的人	木器店
不懂世事的人	头世人
低能讷言的人	阿亨荠
有负所托的人	王伯伯
得过且过的人	环攀头
无法对付的人	牛皮糖
不经一击的人	纸糊头
装作糊涂的人	白泥其
夜间游荡的人	夜游神
脸色黝黑的人	包龙图
夜间兴奋的人	夜新鲜
老是吵架的人	造孽朋
点子特多的人	九头鸟
面善心狠的人	笑面虎

好说大话的人	万三句
急性子的人	烫煞鬼
慢性子的人	慢郎中
精于拍马的人	马屁鬼
光着上身的人	赤膊丁
狂妄自大的人	黄豆汤
神志恍惚的人	瘟跌倒

上下句新解

老鸦当头叫,祸水免勿了。

老鸦,古人以为不吉之鸟。祸水,即祸灾。旧时人们以为乌鸦叫预示灾难要临头了。

来一根脐带,去一根裤带。

裤带,指人死入殓时解开的裤带。上下二句极言做人一世,来去都赤条条的,劝人不要太功利。

宁可死做官爹,勿可死讨饭娘。

极言母亲对子女的重要。

五十里外要带伞,五十岁上要买板。

买板,指旧时老人购置做棺材的木板。意为长途旅行要防雨,长命之人要备后事。

呒告话头,眼泪鼻头。

话头,说话的由头。鼻头,涕泪交织。意为心中悲苦且无从说起,唯有泪长流。

老来日日蔫,小来日日鲜。

老来,年老时。小来,小时候。蔫,枯萎状。意为岁月的流逝记录着人生的成长和衰老。

长子勿得力,苦到脚骨直。

脚骨直,指人死后僵直。民间认为长子可代父,倘若长子不得力,做爹的会一世受苦。

专题讲座四　宁波话里的佛学思想

东汉末年佛学传入中华大地，宁波地处祖国东南沿海，很早也有了佛教的香火传承。宁波鄞州区的天童寺，素有"东南佛国"的美称，不用说国内，就是在东邻日本也闻名遐迩。佛学的教旨和思想，需要语言来传播，因而宁波话里早就渗透了许多佛家的思想内涵。这些语意在宁波话里得到了生动的体现。下面举几个常用的词语来分析共赏。

造业　造业的意思是吵架，是宁波人耳熟能详的常用词。为什么吵架要说成是造业呢？这个业就是佛学经籍里说的业障、业力，而造业，即制造业力，吵架会使双方相互生怨结仇，显然是一种阻碍人开智的业障。因此把吵架说成是造业，是暗暗劝人不要图一时口快或出气而结下罪业，对人不利，对己有害。这样寓理于词的劝导，既妥帖又闪耀着佛理的光芒，使人折服于宁波先人用词时向佛向善的情怀。

发心　在宁波方言里，发心这个词意思是下决心做某事。发心这个词的本义源自佛学经典。佛家常劝人发菩提之心。所谓菩提心，即慈悲心，劝人为善去恶。也可以这么说吧，宁波先人用发心这个词,就是鼓动人下定决心,去多做好事善事。

定规 定规,就是一定的意思。在佛学发展史上,禅宗的马祖和百丈这二位大师,对推动禅宗在中华大地的弘扬,起到了很大的作用,史上有所谓"马祖立寺,百丈定规"的说法。这个定规就是一定不变的禅门规矩。宁波祖先借用这个佛门用语,来表示一定的意思,强化了说话时的坚定语气,是非常妥帖的,因而流传至今。

罚愿 对天发誓或对人赌咒,宁波人说成是罚愿。这个"愿"作心愿解,最初也来自佛家用语。一个人自以为没做坏事或错事,别人却不信自己的辩辞,情急之下,对天发誓对人罚咒,也是人之常情。而对着法力无边的菩萨所发之愿,即是罚愿。

捏瘪 捏瘪其实是宁波话对"涅槃"的近音词变声。明白了这一点后,就很好理解宁波话里对人死的一种诙谐洒脱的说法,就是捏瘪。在佛典里,涅槃即指人死而复生,生死轮回,来世往生,是对死亡的超然。宁波话将涅槃这样的词语引入到语言体系内,恰好说明了佛学在宁波大地上曾有深土厚壤。

素净 素净既指人物器物的素雅,也指菜品食品的爽口。素即素矣,为何加个"净"字呢?这个"净"字正是点睛之义项,其义来自佛门净地。在佛门殿堂,所吃所用所设,皆洁净无比,况佛家宗派的净宗还独树一帜,用净字来形容物品的清雅可人,用在此处自是最恰当不过了。因而,素净的说法在世俗生活中也不胫而走了。